Elisabeth Niejahr
Rocco Thiede (Hg.)

Alles auf Anfang

Die Wahrheit über Patchwork

 aufbau

Dieses Projekt wurde von der Robert Bosch Stiftung unterstützt.

Mit 9 Fotos

ISBN 978-3-351-02748-3

Aufbau ist eine Marke der Aufbau Verlag GmbH & Co. KG

1. Auflage 2012
© Aufbau Verlag GmbH & Co. KG, Berlin 2011
Einbandgestaltung hißmann, heilmann, hamburg
unter Verwendung eines Fotos von Dennis Cooper/Corbis
Satz Greiner & Reichel, Köln
Druck und Binden CPI – Clausen & Bosse, Leck
Printed in Germany

www.aufbau-verlag.de

INHALT

VORBEMERKUNG

Als meine Mutter zum zweiten Mal heiratete, war ich schon erwachsen. Ich lernte ihren neuen Mann kennen, als ich von einem Auslandsjahr zurückkehrte, die Hochzeit war bereits zwei Wochen später. Wir fünf Kinder, drei aus ihrer Ehe, zwei aus seiner, alle zwischen fünfzehn und vierundzwanzig, bekamen damals ein Geschenk: Die Mitglieder der neuen Großfamilie sollten sich bei einem Tunesien-Urlaub besser kennenlernen. Wir haben uns gut verstanden, hatten hinterher aber trotzdem das Gefühl, unsere Eltern trösten zu müssen, weil wir alle unterwegs gelegentlich fremdelten. Bloß weil ihr geheiratet habt, sind wir ja noch lange nicht verheiratet, sagte meine Schwester damals.

Inzwischen sind meine Mutter und ihr Mann Dieter seit mehr als zwanzig Jahren ein glückliches Paar, zum Clan gehören sechs Enkel, wir begegnen einander sehr herzlich und entspannt. Die Frage, was für eine Art von Familie wir sind, stellt sich trotzdem immer mal wieder. Erst seit kurzem nenne ich beispielsweise meine Mutter und ihren zweiten Mann »meine Eltern«. Dieter hat es sich gewünscht, ich kann das gut verstehen und finde die Anrede auch nicht illoyal gegenüber meinem Vater, der vor einigen Jahren gestorben ist. Trotzdem gehen mir die Worte noch schwer über die Lippen. Viele Patchwork-Kinder kennen so etwas: Die Suche nach den passenden Gesten, den richtigen Etiketten, sie hört nie auf.

Für Patchwork-Familien gibt es weniger klare Regeln, das ist einer der Gründe, warum ihr Alltag anstrengend ist. Wem fühle ich mich wie sehr verbunden, ist das in Ordnung so, und was genau folgt daraus für die Urlaubsplanung und die Größe des Weihnachtsgeschenks? Nenne ich das neue Kind meiner Mutter Schwester oder Halbschwester, was formal korrekt ist, aber etwas unfreundlich klingt? Bin ich gemein, wenn ich meinen Stiefvater viel lieber mag als meinen leiblichen Papa? Das Leben ist einfacher, wenn man solche Fragen nicht beantworten muss.

Wie Väter und Mütter mit ihren Kindern leben, das kennen wir in der Regel aus dem Elternhaus. Auch Scheidungs- und Trennungskinder spielen Vater-Mutter-Kind mit Puppen nach. Ein Patchwork-Gebilde muss sich selbst erfinden. Patchwork bedeutet Weihnachtstage auf der Autobahn, Verhandlungen über Urlaubspläne, weniger Spontaneität und kinderfreie Wochenenden für Väter und Mütter – während sonst für viele Eltern gerade das Wochenende den Kindern gehört. Patchwork bedeutet gleichzeitig viel mehr und viel weniger Mobilität: Einerseits sind die Kinder ständig unterwegs – andererseits ist ein Wohnortwechsel für alle Beteiligten nahezu unmöglich. Mal eben nach Brüssel ziehen, wenn der Ex in Frankfurt wohnt? Undenkbar, wenn die Eltern sich das Sorgerecht teilen. Eine Zumutung, wenn nur einer es hat und sein Kind im Falle eines Umzuges seltener sehen kann.

Das weiß nicht jeder, der sich in einen Mann oder eine Frau mit Kind verliebt und sich in ein Familienabenteuer stürzt. Das war einer der Gründe für dieses Buch. Es gibt Situationen im Leben, in denen man sich eine nette ältere Cousine wünscht, der das Schicksal widerfahren ist, das einem selber bevorsteht. Dieses Buch ist von meinem Koherausgeber Rocco Thiede und mir unter anderem für Patchworker gedacht, denen diese Cousine fehlt.

Gleichzeitig soll es ein Beitrag zu einer politischen Debatte sein, die sich in Deutschland entwickelt hatte, nachdem in das Schloss Bellevue erstmals ein Bundespräsident eingezogen war, der eine Patchwork-Familie hatte. Bei dieser Diskussion ging es im Grunde nicht um Stieffamilien, sondern um Scheidungen. Es stand der Vorwurf im Raum, viele Menschen machten es sich zu leicht mit ihrem Abschied aus einer Ehe – und würden dabei vor allem die Folgen für ihre

Kinder nicht bedenken. Patchworker sind Egoisten war die unterschwellige Botschaft: Das eigene, oft nur kurzfristige Liebesglück interessiere sie mehr als das Glück ihrer Kinder. Und der Bundespräsident, der damals noch Wulff hieß, helfe dabei, weil er mit seiner neuen Familie schöne Patchwork-Bilder produziert.

Unser Buch handelt von Neuanfängen, nicht vom Scheitern; zehn Autoren erzählen Geschichten vom zweiten Anlauf, tastend oder auch leidenschaftlich, und von seinen Chancen. Weil aber so viele Patchwork-Eltern den Egoismus-Vorwurf kennen und darunter leiden, sei hier kurz gesagt, welche Belege es dafür gibt. Die kurze Antwort lautet: Keine. Es gibt keine Statistik, aus der sich ablesen ließe, dass Eltern in Deutschland ihre Familien leichtfertig aufgeben. Auf Einzelfälle trifft das selbstverständlich zu, ein Massentrend ist es nicht.

Stattdessen fällt bei einem internationalen Vergleich vor allem auf, wie wenig sich beim Umgang der Deutschen mit dem Thema Ehe ändert. In Frankreich, einem Land mit besonders hohen Geburtenraten, hat sich die Anzahl der neu geschlossenen Ehen in den vergangenen dreißig Jahren fast halbiert. Nach dem jüngsten Familienreport der OECD hat in Frankreich mittlerweile jedes zweite neugeborene Kind unverheiratete Eltern, in Deutschland nur jedes dritte. Französische Paare leben deswegen nicht kürzer zusammen als Männer und Frauen in anderen

Industrieländern. Aber der Trauschein ist weniger wichtig als früher.

In den Vereinigten Staaten hingegen ist die Ehe für die Mehrheit ein wichtiges Lebensziel. Paare heiraten vergleichsweise jung. Die meisten Scheidungen gab es in der zweiten Hälfte der siebziger Jahre. Seitdem ist für Akademiker das Scheidungsrisiko um fünfzehn Prozent gesunken, das für Amerikaner mit High-School-Abschluss oder ohne Qualifikation um fast den gleichen Prozentsatz gestiegen. Die amerikanische Mittelschicht hat offenbar gelernt, ihre Beziehungen zu stabilisieren, vermutlich auch: passendere Partner als früher zu finden. Scheidungen, Trennungen, uneheliche und Patchwork-Kinder und vor allem mehrere aufeinanderfolgende Beziehungen mit Kindern gehören zum Lebensstil der Unterschicht. Selbst in dieser sozialen Gruppe, das zeigen neue Untersuchungen, steht die Ehe sehr hoch im Kurs, man traut sie sich bloß nicht unbedingt zu und bekommt Kinder auch ohne wirklich feste Beziehung. Interessanterweise ist in den Vereinigten Staaten die Haltbarkeit von Ehen keine Frage der Religion: Kirchgänger lassen sich genauso häufig scheiden wie der Rest.

In Deutschland enden nach wie vor zwei von drei Ehen nicht durch Scheidung, sondern durch den Tod. In den vergangenen zehn Jahren ist die Zahl der Scheidungen zwar leicht gestiegen, gleichzeitig

13

leben aber Eheleute länger zusammen, bevor es zur Trennung kommt. Dies widerspricht zumindest der Annahme eines Massentrends hin zu überstürzten Scheidungen.

Ungefähr jedes vierte Kind wächst in Deutschland nicht mit beiden Elternteilen auf. Etwa jedes zehnte Kind lebt nach dem jüngsten Familienreport der Bundesregierung in einer Patchwork-Familie. Experten verstehen darunter meist Familien, bei denen mindestens ein Ehepartner ein Kind aus einer früheren Verbindung hat. An diese Definition haben wir uns auch in diesem Buch gehalten.

Trennungs- und Patchwork-Kinder sind also eine wachsende, nicht übersehbare Minderheit. Die überwältigende Mehrheit der Kinder wächst in klassischen Familien auf. Diese Tatsache lässt sich auch als phänomenaler Erfolg der Institution Ehe verstehen. Schließlich werden Paare viel seltener als früher durch ökonomischen Druck und gesellschaftliche Normen zusammengeschweißt. Nie war es so einfach, zu gehen. Aber die allermeisten bleiben. Das ist auch deshalb beeindruckend, weil die Ehe bis zum Tod in einer alternden Gesellschaft schon aus biologischen Gründen ein anspruchsvolleres Projekt ist als früher. Das Versprechen »bis dass der Tod uns scheidet« wiegt schwerer, wenn damit fünfzig Jahre Zweisamkeit einhergehen statt zwanzig oder dreißig wie in der Generation unserer Großeltern.

Untersuchungen wie die Shell-Jugendstudie zeigen regelmäßig, dass die Sehnsucht nach Familie und dauerhaften Beziehungen nicht kleiner wird. Bei Umfragen unter Jugendlichen wird das besonders deutlich, es gilt aber auch für Erwachsene. Selbst eine gescheiterte Beziehung ändert nichts an diesem Wunsch. Die Neigung zur Ehe ist bei Geschiedenen größer als bei Singles, wer einmal verheiratet war, will es meist bald wieder sein – wie in unserem Buch die von Sandra Kegel porträtierte Gräfin von Pfuel, die heute mit dem vierten Mann und sieben Kindern lebt.

Einige Rahmenbedingungen für eine dauerhafte Ehe mögen schlechter als früher sein – an der Lust auf Bindungen ändert das zumindest in Deutschland nicht viel. Vermutlich hängt beides zusammen. Wer einen unsicheren Job hat, wer wegen der Arbeit oder der Ausbildung ständig umziehen oder reisen muss und womöglich auch noch selbst seine Kindheit in unübersichtlichen Familienstrukturen verbracht hat, wünscht sich umso mehr private Stabilität – und bringt gleichzeitig schlechte Voraussetzungen dafür mit. Die Gründe für die Sehnsucht und das Scheitern sind die gleichen.

Deshalb sind auch so unterschiedliche Bilder von Stieffamilien auf dem Markt: Es gibt, einerseits, die Hochglanzfotos von attraktiven Geschiedenen aus Hollywood, von glücklichen Patchwork-Eltern, deren Leben sorglos wirkt. Andererseits wachsen die meisten Kinder nach wie vor mit Märchen auf, in denen Patchwork-Mamas nur als böse Stiefmutter vorkommen. Barbiepuppen gibt es als Braut, als Freundin von Ken und in tausend anderen Varianten, beim Reiten, beim Baden. Eine geschiedene Barbie, möglicherweise bereichert um Kens Auto und Kens Haus, gibt es bisher noch nicht.

Der dritte Grund für dieses Buch begegnete mir erst, als Rocco Thiede und ich schon die ersten fertigen Porträts für dieses Buch lasen. Ich saß in einer Vorlesung der Harvard Universität, ein junger, sehr ehrgeiziger Professor präsentierte aufregende Umfrageergebnisse zur sozialen Ungleichheit im Land. Alle staunten, und am Ende gab ihm eine erfahrene Kollegin einen Rat: Manchmal komme man der Wahrheit durch noch so viele Daten nicht unbedingt näher. In der amerikanischen Familien- und Armutsforschung gebe es deshalb seit längerem den Trend zum *story telling*, zu Fallstudien, denen lange, konzentrierte Interviews mit einem ausgewählten Personenkreis vorausgingen.

Mir leuchtete das sofort ein. Wer vertraut einem Fragebogen schon gern die Umstände seiner Scheidung an oder Details aus seinem Liebesleben? Mich hat schon immer beeindruckt, was für unterschiedliche Auskünfte miteinander verheiratete Männer und Frauen auf die vergleichsweise harmlose Frage geben, wer wie viele Stunden mit Arbeit im Haushalt ver-

16

bringt. Warum sollten Auskünfte zu Trennungen und komplizierten Familienstrukturen belastbarer sein?

Die Autoren dieses Buches versuchen *story telling* ohne wissenschaftlichen Anspruch, aber doch mit dem Ziel, der Wahrheit über Patchwork näherzukommen. Im Idealfall bieten wir nicht nur ratlosen Eltern etwas, sondern auch allen, die sich für die Lage von Familien interessieren. Während sich die ersten Porträts stärker mit der praktischen Organisation eines Patchwork-Alltags und der psychischen Verfassung der Betroffenen beschäftigen, geht es im zweiten Teil stärker um die gesellschaftlichen Voraussetzungen von Patchwork und deren Folgen. Denn auch in Deutschland forschen Wissenschaftler zwar seit vielen Jahren über die Folgen von Scheidungen und die sich daraus ergebenden Familienkonstellationen. Doch die Ergebnisse sind sehr widersprüchlich.

Befragungen spiegeln oft die Dramen zerrütteter Familien nicht wider. An ihnen beteiligen sich häufiger Menschen, die ihr Schicksal einigermaßen meistern. So zeichnen vermutlich viele Studien über Scheidungsfolgen ein viel zu positives Bild. Wenn sich wiederum Therapeuten zu Scheidungskindern äußern, geschieht eher das Gegenteil: Sie haben es meist mit schlimmen Fällen zu tun, also entsteht eher ein zu bedrohliches Bild. Alles in allem kann in der Debatte über Scheidungsfolgen fast jeder seinen akademischen Kronzeugen finden – jemand, der Patchwork-Konstellationen für Mahnmale gesellschaftlichen Verfalls hält, wie auch jemand, der das Leben in zwei Elternhäusern positiv findet, weil es beispielsweise lehrt, selbständig zu werden.

Hinzu kommt noch, dass die psychische Verfassung der Kinder oft durch Fragen an die Eltern ermittelt wird. Meist antworten die Mütter. Frauen und Männer bewerten Trennungen jedoch oft unterschiedlich, auch dadurch kommt eine Unschärfe in viele Studien. Dieser Unterschied ist übrigens selbst in unserem Buch zu spüren, man merkt es an der Tonlage der Porträtierten und der Autoren. Männer leiden mehr.

Die schlimmsten Fehlurteile über Patchwork-Familien entstehen, wenn deren ökonomische Verhältnisse ausgeblendet werden. Beziehungen von armen Menschen scheitern besonders häufig, das zeigen die Statistiken sehr klar. Nach Zahlen des Deutschen Jugendinstituts erlebt jedes zweite Kind aus einer Familie mit wenig Geld die Trennung der Eltern, aber nur etwa sieben Prozent der Kinder aus gutsituierten Haushalten. In anderen Ländern, vor allem den Vereinigten Staaten, ist der Unterschied noch deutlicher.

Dort hat sich übrigens der Blick auf arme Familien komplett verändert: Lange war viel von *single mums* die Rede. Heute sagt die Harvard-Professorin Kathryn Edin: »Vergesst die alleinerziehenden Mütter – die meisten von ihnen bleiben nur kurz ohne

Partner.« Schaut stattdessen auf *fragile families*, auf zerbrechliche Familien, rät die Professorin. Typisch sei nicht die Zweisamkeit von Mutter und Kind, sondern ein großes familiäres Geflecht, zu dem alte und neue Lebenspartner der Mutter gehören, sporadisch anwesende Väter und häufig auch diverse Halbgeschwister, die manchmal deutlich älter oder jünger sind. Die große Zahl dieser lockeren und oft nicht sehr haltbaren Zusammenschlüsse ist übrigens auch einer der Gründe, warum laut Statistik Patchwork-Paare etwa doppelt so häufig scheitern wie andere Eltern. Der Stress durch die komplizierte Familienstruktur ist sicher einer der Gründe. Es gibt aber auch viele Eltern, bei denen die zweite Ehe länger hält als die erste – wie bei meiner Mutter. Aber daneben gibt es eben auch viele mehrfach Getrennte, die nach mehreren Kurzzeit-Beziehungen die Statistik dreifach oder vierfach bereichern.

Auch in Deutschland gibt es viele Familien dieser Art, wie die dreifache Mutter Stephanie S., die Eberhard Schade in diesem Buch porträtiert. Aber auch beim Blick auf ganz andere Milieus ist es richtig, den Begriff der Alleinerziehenden vorsichtig zu verwenden. In den allermeisten Fällen handelt es sich in allen sozialen Schichten eher um Arrangements geteilter Erziehung, um *fragile families*. Die frühere First Lady Bettina Wulff hat das einmal so ausgedrückt: Sie habe vor ihrer zweiten Ehe zwar allein mit ihrem

Sohn gelebt, sie sei aber nie alleinerziehend gewesen. Der Vater ihres Sohnes war immer präsent.

Der Faktor Ökonomie ist wichtig, er kommt trotzdem oft nicht vor, wenn über die Probleme von Patchwork-Kindern geurteilt wird. So geht aus den meisten Studien klar hervor, dass Trennungskinder häufiger Probleme in der Schule haben. Welche Rolle das mangelnde Geld für den Nachhilfelehrer, das richtige Schulbuch oder den Sprachurlaub spielt, wird selten geklärt. Die Antwort ist aber entscheidend für die Frage, womit dem Kind am ehesten zu helfen ist.

Wie sehr schadet eine Scheidung, wenn die Eltern nicht arm sind, sich intensiv um ihre Kinder kümmern und Konflikte weitgehend vermeiden? Welche Chancen hat ein Neuanfang mit einem weiteren Partner? Wie gestaltet man ihn am besten? Für Paare, die einen Familien-Neustart wagen, sind das die entscheidenden Fragen. Es gibt leider nicht eine Antwort, sondern viele – in der Wissenschaft, aber auch in unserem Buch. Remo Largo, Schweizer Professor für Kinderheilkunde und Autor verschiedener Bestseller zu Erziehungsfragen, widerspricht beispielsweise der gängigen Sicht, wonach eine Trennung nur dann für die Kinder das kleinere Übel sei, wenn sie dramatisch schlechte Verhältnisse beende. Er betont, Kinder hätten noch gar keine genaue Vorstellung vom richtigen oder falschen Zusammenleben Erwachsener. Entscheidend sei, wie viel Zuwendung das Kind insgesamt von den Eltern bekommt.

Ähnlich argumentiert die Münchner Soziologieprofessorin Sabine Walper, die renommierteste deutsche Wissenschaftlerin zum Thema Scheidungsfolgen. Sie betont, nicht die Trennung an sich, sondern der Streit zwischen den Eltern schade den Kindern und bringe sie in Loyalitätskonflikte. Kinder zerstrittener Eltern hätten in der Schule ähnliche Probleme wie Trennungskinder, oft sogar über einen längeren Zeitraum hinweg. Das leuchtet einerseits ein – hilft aber betroffenen Eltern in unglücklichen Ehen nicht bei der heiklen Frage, wann genau eine Trennung auch für die Kinder das kleinere Übel ist. Eher hilft schon die Einschätzung Walpers, die Abstimmung der Eltern über die Kindererziehung sei nicht so wichtig, wie lange angenommen wurde. Es schade nicht unbedingt, wenn jeder auf seine Weise erziehe – die Kinder kämen damit klar. Sie könnten verstehen, dass in der Wohnung von Mama weniger Süßigkeiten gegessen werden dürfen oder Papa strenger beim Thema Fernsehen ist. Parallele Elternschaft nennen Soziologen das – und sehen ihren Vorteil darin, dass sie Eltern hilft, Streit zu vermeiden.

Stimmt es, dass Patchwork-Kinder später als Erwachsene seltener in stabilen Beziehungen leben? Die Statistik sagt: Ja. Scheidungskinder lösen eine Ehe eineinhalbmal häufiger auf als Gleichaltrige, deren

Eltern zusammenleben. Und es leuchtet sofort ein, dass Kinder aus klassischen Familien eher einen liebevollen Umgang oder auch nur einen nüchternen Interessenausgleich bei ihren Eltern abgucken können.

Wer will, kann allerdings auch solchen Zahlen aus guten Gründen misstrauen. Denn solche Untersuchungen beziehen sich zwangsläufig auf Scheidungskinder, die heute erwachsen sind. Ob das gleiche Muster auch für künftige Generationen gilt, ist nicht klar. Für die Nachkriegsgeneration, die mit Anfang zwanzig eine eigene Familie gründete, war das Elternhaus vermutlich viel prägender als für die vielen Akademiker, die heute erst als Mittdreißiger in das Abenteuer Familie starten. Nach einer großen Langzeituntersuchung des amerikanischen Soziologen Paul Amato erhöht jedenfalls kaum ein Faktor die Haltbarkeit einer Ehe so sehr wie ein hohes Alter des Brautpaars bei der Trauung.

Demnach könnte es durchaus sein, dass den Jugendlichen, die laut Shell-Studie von der dauerhaften Ehe träumen, auf diesem Feld mehr als den Eltern gelingt. Jedenfalls lässt sich am Ende vor allem festhalten, dass vierzig Jahre nach den Beziehungsexperimenten der Achtundsechziger, dreißig Jahre nach Hollywoods Scheidungsfilmen wie »Kramer gegen Kramer« noch nicht ausgemacht ist, wie furchtbar das Drama Scheidung für Eltern und Kinder tatsächlich ist.

Wir Herausgeber haben die Recherche-Schwie-
rigkeiten beim Thema Patchwork-Familien unterschätzt. Wir wollten viele Prominente von der Schau-
spielerin Karoline Herfurth bis zum Philosophen
Richard David Precht für unser Projekt gewinnen,
am Ende sagte meistens eine Ehefrau oder ein Ex-
Partner nein. Von unserem ursprünglichen Anspruch, dass jeder Autor mit sämtlichen Familien-
mitgliedern ausführlich sprechen sollte, mussten wir
uns verabschieden – teilweise ist es gelungen, teilweise nicht. Unsere – allesamt versierten und erfah-
renen – Autoren stöhnten fast ausnahmslos über die
komplizierte Recherche. Alle haben versucht, nicht
nur etwas über die Eltern, sondern vor allem auch
etwas über das Glück der Kinder zu erfahren. Das
war nicht nur unser Anliegen, sondern auch das der
Robert Bosch Stiftung, die dieses Buchprojekt geför-
dert hat und damit möglich machte.

Wer über Familien schreibt, schreibt über sich
selbst. Wir Herausgeber ahnten das vorher, bei der
Arbeit an diesem Buch wurde es uns noch einmal
bewusst. Uns allen fällt auf, was wir kennen, Parallelen zum eigenen Leben erscheinen interessanter oder
relevanter. Das gilt auch für die Herausgeber, die aus
verschiedenen Universen stammen. Er: verheirateter
Vater von fünf Kindern mit besonderem Interesse an
der katholischen Kirche, ehemals *Welt*-Redakteur
und Vatikan-Beobachter in Rom. Ich: Ökonomin

und Alleinerziehende in der dritten Generation, damit Verkörperung aller konservativen Klischees über bindungsscheue Großstadt-Akademikerinnen.

Rocco Thiede und ich, wir unterscheiden uns schon bei der Frage, ob man Familien nicht getrennter Eltern verallgemeinernd als *intakte* Familien bezeichnen darf – und jede Trennung tatsächlich als *Scheitern*. Und wir ziehen jetzt, nachdem zehn Porträts entstanden sind, auch jeder ein anderes Resümee. Rocco Thiede ist vor allem dankbar, nicht selbst in einer Patchwork-Familie zu leben – und noch überzeugter von der Institution Ehe.

Ich bin vor allem beeindruckt davon, wie unterschiedlich sich ein Patchwork-Familienleben gestalten lässt. Es gibt das Beispiel der privilegierten Unternehmerfamilie im Porträt von Evelyn Roll, in der die getrennten Eltern sich viel Mühe geben – und die Kinder trotzdem sehr leiden. Andere kommen unter schwierigsten Umständen sehr viel besser zurecht, etwa die von Wulf Schmiese porträtierte Familie, die in der ersten Hälfte des vergangenen Jahrhunderts lebte. Ähnlich robust wirkt die ostdeutsche Familie aus Corinna Emundts' Bericht.

Patchwork gelingt besser, wenn Eltern es schaffen, aus der gescheiterten Beziehung zu lernen, ohne verbittert oder ängstlich zu werden. Einigen Personen aus unserem Buch gelingt das, anderen nicht, und mir scheint das vor allem eine Frage der Persönlichkeit zu sein. Vielleicht sind wir Erwachsenen wie auch unsere Kinder einfach unterschiedlich geeignet für einen Neuanfang – es liegt in der Natur der Sache, dass so etwas notorischen Optimisten leichter fällt. Es hilft auch, das klingt in den Beiträgen von Rocco Thiede und mir an, wenn man die Familien und ihre Traditionen nicht zu sehr idealisiert. Wenn es Weihnachten wegen des neuen Mannes am Küchentisch auf einmal Karpfen statt Gans gibt, kann man das als Verrat empfinden, wie es im Text von Arne Daniels beschrieben wird. Man kann auch einfach nüchtern feststellen: Heute gibt es Fisch.

Gut wäre es, wenn unsere Leser am Ende die großen Unterschiede in der Welt der Patchworker sehen, wenn sie einerseits die Probleme der Kinder besser verstehen und andererseits nicht zu viel Aufhebens davon machen. Man kann ein Scheitern auch herbeireden. Wer Patchwork-Familien ohne Not als Problemfälle beschreibt, tut deren Kindern keinen Gefallen.

Elisabeth Niejahr

»ICH HABE AUCH EIN RECHT AUF GLÜCKLICHSEIN«

Die Familie Engel in Paderborn steuert ihr Patchwork-Leben mit vier Kindern in zwei Häusern mit einer Excel-Tabelle und viel Hilfe von den Großeltern.
Von Ulrike Winkelmann

Das Mädchen, großgewachsen, hockt gebeugt auf einer Gartenbank und drückt auf einem lila iPod herum. Antonia hat keinen Blick für das Kornfeld, das unmittelbar an den Garten grenzt und sich in der Abendsonne wiegt. Es ist ein Ausschnitt aus der Paderborner Hochebene – ostwestfälisches, zersiedeltes Agrarland, das hier ausnahmsweise einmal ganz romantisch aussieht. Antonia ist das egal, kennt sie schon. Sie hat Kummer, wischt sich jetzt aber die Träne aus dem Auge, zieht die iPod-Stöpsel aus den Ohren, schiebt sich von der Bank und holt Kekse aus der Küche, die skandinavischen, die sich als Zuckerpaste in jede Zahnhöhlung legen. Das Gespräch mit ihrer Mutter über einen möglichen gemeinsamen Friseurbesuch vor dem Urlaub und darüber, ob sie sich Strähnchen ins Haar machen lassen darf, richtet die Vierzehnjährige sichtlich auf.

Ihre Mutter, Dorothea, wird später einflechten, dass ihr ältestes Kind eben manchmal traurig ist, einfach so. Die Trennung der Eltern habe Antonia ver-

mutlich am stärksten mitgenommen, stärker jedenfalls als die beiden jüngeren Geschwister Justus und
Charlotte.

Antonia war acht, Justus fünf, Charlotte zwei, als
Dorothea den Vater der Kinder, Christian, verließ
und die Scheidung einreichte. Ein anderer Mann war
in ihr Leben getreten: Michael. Mit ihm wollte sie
nun zusammenleben. Die drei Kinder aber wollten
Dorothea und Christian weiterhin zu gleichen Teilen betreuen. Dorothea wünschte sich auch noch
ein Kind von Michael. Kurz nach Dorotheas und
Michaels Hochzeit wurde Titus geboren. Die Organisationsform, die seither das Leben von Dorothea,
Michael, Christian und den vier Kindern prägt, heißt
Wechselmodell. »Wir haben das selbst so benannt«,
sagt Dorothea.

Wechseln, das heißt, dass die Kinder freitags am
späten Nachmittag alle ihre Sachen packen, die sie
für eine Woche brauchen. Die Schulsachen müssen beisammen sein: der Atlas, der Turnbeutel, die
Busfahrkarte natürlich. Sind alle Ladekabel für die
technischen Geräte dabei? Die Kinder haben je
ein komplettes Set an Kleidung beim Vater wie bei
der Mutter. Nur Jacken und Schuhe müssen mitgenommen werden, sie doppelt vorzuhalten wäre
nun wirklich zu teuer. Und dann wird gewechselt:
Von Dorotheas und Michaels Haushalt in Borchen,
südlich von Paderborn, zwölf Kilometer weiter zu

Christians Haushalt nahe dem Zentrum Paderborns. Und am darauffolgenden Freitag geht es wieder zurück. Jede Woche. Mama-Woche, Papa-Woche, abwechselnd.

Titus, der Kleine, bleibt natürlich bei Dorothea und Michael. »Der langweilt sich erst einmal fürchterlich, wenn die großen Geschwister weg sind«, erzählt Dorothea. Plötzlich sei das Haus ganz still am Nachmittag und am Wochenende. »Mama, Mama, wann kommen die Kinder wieder‹, heißt es dann, und von Micha und mir wird unglaublich viel Aufmerksamkeit verlangt.« Auf den Fotos, die im ganzen Haus hängen, ist überdeutlich zu sehen, wie ähnlich sich die drei Großen sind mit ihren Haselnuss-Haaren, den dichten Augenbrauen und dem Creme-Teint. Titus daneben: hellblond, mit Michaels weißer Haut.

Die gleichen Fotos stehen auch in Christians Haus im Regal und auf dem Klavier, adrette Aufnahmen in Fotostudio-Professionalität. »Naja«, sagt er. »Doro lässt Weihnachten immer Fotos von allen machen, verteilt sie in der Familie und schenkt sie auch mir.« Neulich hat sogar Titus bei Christian übernachtet. Es ging nicht anders, sowohl Michael als auch Dorothea mussten beruflich verreisen. Die Geschwister freuten sich auf den Besuch des kleinen Bruders, berichtet Christian: Endlich konnten sie ihm auch einmal das Spielzeug zeigen, das sie bei ihrem Vater haben.

Christian findet das in Ordnung, ist ja selten genug, auch sein Haus ist groß.

Er hat es gemietet, so wie Dorothea und Michael ihr Haus gemietet haben in einer Region, deren Mittelstand eigentlich selber baut oder kauft, jedenfalls auf Eigentum bedacht ist. »Es würde sich dann lohnen, wenn man ein Haus aufblasen und die Luft wieder ablassen könnte«, sagt Christian. Doch Michael und Dorothea in Borchen ebenso wie Christian in Paderborn sehen jede Woche ein Haus voll und wieder leer werden. Sie glauben nicht, dass es sich lohnt, ein Haus zu bauen oder zu kaufen mit vielen Kinderzimmern an langen Fluren, wenn die Kinder wenige Jahre später, nach der Schule, ohnehin ausziehen. Außerdem haben Dorothea und Christian einmal gemeinsam gebaut und ihr Haus nach der Trennung wieder verkauft. Wer einmal erlebt hat, dass Familien flüssig werden, dem steht der Sinn wohl nicht mehr nach Immobilien.

»Eines war uns klar, als wir uns trennten«, sagt Dorothea. »Wir wollten auf keinen Fall den ›Klassiker‹, also dass Christian die Kinder jedes zweite Wochenende hat, wie so viele Scheidungsväter. Nein, wir hatten schließlich die Kinder von Anfang an zu ziemlich gleichen Teilen betreut, das sollte so weitergehen.« Dadurch erübrigte sich auch ein Unterhaltsprozess, der Geld, Nerven und vor allem weiteres Vertrauen zerstört hätte, womöglich auch die Nüchternheit, mit der sich eine halbwegs passgenaue Organisationsform für eine zerpflückte Familie am ehesten finden lässt.

Das Wechselmodell wurde bei der Trennungs-kinder-Beratung entwickelt, im »Freien Beratungs-Zentrum e. V.« in Paderborn, wo Psychologen und Sozialpädagogen arbeiten. Nachdem die Scheidung beschlossene Sache war, gingen Dorothea und Christian mit den Kindern mittwochnachmittags sechs- oder achtmal zu einer Gesprächsgruppe für Trennungskinder. Dazu kamen zwei oder drei Elternabende und auch Einzelgespräche. »Unser Berater kannte das Modell nicht, fand es dann aber nicht schlecht.« Die Frage war erst: Wie häufig wechseln? »Alle drei Tage? Zu aufwendig.« Der Wochenrhythmus erschien praktikabel. Für die Feiertage, Urlaubszeiten und andere Ausnahmen wurde eine umfangreiche Excel-Tabelle angelegt, die auf Dorotheas wie auf Christians Computer-Festplatte einen Sonderplatz einnimmt.

Weihnachten wird aufgeteilt: Heiliger Abend plus Erster Weihnachtstag beim einen Teil samt Großeltern, Zweiter Weihnachtstag bis Silvester beim anderen Teil samt Großeltern, dies wiederum jährlich abwechselnd. Auch die Ferien sind sauber erfasst: Sowohl Dorothea und Michael als auch Christian machen mit den Kindern einen Jahresurlaub von zwei Wochen. Dorothea und Michael waren in diesem Jahr wieder auf der holländischen Nordseeinsel

Texel, in einer Ferienanlage zusammen mit Freunden und Kindern im selben Alter. Dort kennen sich die Kinder schon aus und verschwinden tagsüber zum Spielen, die Eltern haben ihre Ruhe. Christian fährt mit den Kindern im Urlaub oft zu Freunden oder Verwandten in Deutschland. Stets wird die Jahresplanung sauber und lange im Voraus abgestimmt. Spontanentschlüsse aufgrund plötzlicher Bedürfnisse oder Ideen – jetzt ein langes Wochenende an der See! – sind ausgeschlossen, sind es freilich auch bei Familien ohne Excel-Tabellen meistens. Im Dorothea-Michael-Christian-Dreieck macht der Spontaneitätsmangel niemandem etwas aus, weil und solange die Excel-Tabelle für Gerechtigkeit sorgt.

Sage keiner, die Dinge ließen sich nicht organisieren.

Wann und wieso trennen sich zwei Menschen, die zusammen drei Kinder haben? Schnell, sehr schnell sagt Dorothea zu diesem Thema: »Ich habe auch ein Recht auf Glücklichsein.« Es ist, als sollte dieser Satz sofort den schwarzen Krater füllen, der sich in Gedanken auftut, wenn man über die Schmerzen und die Traurigkeit nachdenkt, die eine Trennung nach vielen gemeinsamen Jahren auslösen kann.

Welche Chancen eine Ehe, eine Beziehung, auf Dauerhaftigkeit haben, hängt oft von ihrem Anfang ab. Christian und Dorothea kannten sich aus der Schulklasse, trafen sich einige Jahre nach dem Abitur wieder. Eigentlich war eine Schwangerschaft nicht geplant, aber Dorothea war 24 Jahre alt und schwer verliebt. »Nach meinem ersten Jura-Examen mit eigener Wohnung, Job und eigenem Auto dachte ich: Was kostet die Welt? Alles war so frisch, alles konnte losgehen«, erzählt sie. Christians Heiratsantrag nahm sie glücklich an, »ich fühlte mich auf einen Sockel gehoben«. Hopplahopp zogen beide zusammen, acht Wochen nach Antonias Geburt ging Dorothea wieder zur Universität, wo sie an der Fakultät arbeitete.

Christian studierte, die beiden Leben passten noch nicht ganz zusammen. Das Baby und das Sportprogramm des jungen Vaters – das gab Ärger. Aber dann war schon das nächste Kind unterwegs, Justus, und Christian wurde nach dem Abschluss direkt von der Uni weg von einem Software-Unternehmen angeheuert. Dorothea bekam den neuen Job als Juristin bei der großen Computerfirma, »damit fing schon wieder ein neues Leben an«. Ein Haus wurde gebaut. »Ein Haus war ein ›must-have‹, es bedeutete Status, wie bei meinen Eltern«, sagt Dorothea unumwunden. Der neuen Chefin vom kommenden dritten Kind zu erzählen war nicht ganz leicht, »aber sie hat ganz toll reagiert. Und auch bei Charlotte war ich kurz nach der Geburt wieder am Arbeitsplatz.«

Beide Großmütter sprangen oft und wohl auch gern ein, um die Kinderbetreuung zu übernehmen. Drei kleine Kinder, Haus, Jobs – »ich bin ein Projektemensch«, sagt Dorothea. Mag sein, dass sie in solch ein Leben hineingeschlittert ist, sie war ja noch so jung und fand, um das Ob und Wann des Kinderkriegens müsse man sich nicht so viele Gedanken machen. Sie ist selbst als eines von vier Kindern aufgewachsen. Es wurde ihr nie zu viel, alles war möglich. Christian zog mit, übernahm seinen Teil in einer vollständig gleichberechtigten Beziehung. So weit gleichen sich die Erzählungen von Dorothea und Christian, so weit soll es deshalb auch aufgeschrieben werden.

Und doch. Während sie immer weiter an ihrem so vollen, so energiegeladenen, so bilderbuchhaften Leben bauten, bröckelte etwas anderes ab: die Liebe, der Respekt, das Vertrauen. Auch dies berichten Dorothea und Christian übereinstimmend in ihrer sonst so unterschiedlichen Art – mit temperamentvollem Pragmatismus und Erklärgestus Dorothea, Christian eher mit zurückhaltender Skepsis. Sichtlich ist es nicht seine Art, in straffen Formeln Auskunft zu geben über einen Vorgang, der sich für die Betroffenen meist weniger straff formulierbar darstellt.

Als Dorothea, die Unternehmensjuristin, zu anspruchsvollen Vertragsverhandlungen nach New York flog und dort nächtelang mit dem Software-Spezialisten Michael aus demselben Unternehmen über Vertragsdetails brütete, war jedenfalls alles zu spät und Dorotheas Herz verloren. Michael, Micha sollte es sein, nur er.

Und Michael war frei. Der Software-Entwickler hält von klassischen Juristinnen wie Juristen generell nicht so besonders viel. »Aber Doro war der Ärmel-hoch-Typ, sie sprach klare Worte«, erzählt er. Verheiratet samt Kindern, sei sie zunächst einmal »als Frau total uninteressant« für ihn gewesen. Sein Junggesellen-Leben bestand im Wesentlichen aus »rund um die Uhr arbeiten oder eben mit Kumpels um die Häuser ziehen«. Michael vermisste keine Beziehung. Doch so ein Rahmenvertrag über das gesamte Amerikageschäft mit einem der weltgrößten Computerkonzerne ist eine zähe Angelegenheit, »mit etlichen Stunden Zusammensitzen und Tod und Teufel«, und im Ergebnis stand schon einmal fest: »He, die Frau ist toll, und die Zeit mit ihr hat mir massiv Spaß bereitet.«

So viel Spaß, dass er fand, er dürfe sich nicht bloß auf sie einlassen, um Spaß zu haben, sagt er heute. »Dafür war das alles viel zu schade. Ich wollte nicht einfach nehmen, was kommt, und sie dann mit den Scherben einer Ehe sitzen lassen, in die sie womöglich bald zurück will, weil alles bloß ein Strohfeuer war.« Nein, Dorothea sollte lieber erst wirklich wissen, dass sie die Trennung von Christian wollte, bevor andere Grenzen überschritten wurden. »Ich wollte auch nicht den Stempel haben, ›du hast dich dazwischengedrängt‹«, sagt Michael. Er lehnt sich in seinem Gartenstuhl zurück. Plötzlich wird er von einem lauten Schnarren unterbrochen.

Bislang hat Dorothea möglichst unauffällig im Hintergrund hockend das Blumenbeet mit einer kurzen Harke bearbeitet – ob in Hörweite oder nicht, war unklar. Nun aber biegt sie mit einem brandneuen Modell eines elektrischen Rasenmähers um die Ecke und ruft: »Ich bin im Aktions-Rausch!« Niemand im Garten versteht mehr sein eigenes Wort. Dabei ist der Rasen noch gar nicht so lang. Also gut, Dorothea nimmt die Harke wieder auf: Dann muss nun weiter Unkraut dran glauben. Im Hintergrund streben Justus und Charlotte dem Waldrand zu. Sie haben sich mit Taschenmessern ausgerüstet und wie ihre Mutter offenbar beschlossen, sich die Wildnis untertan zu machen.

Der Samstagmorgen war bereits ausgefüllt: Früh um neun brachte Dorothea Titus zum Schwimmkurs, von dem ihn heute seine Patentante wieder abholt. Dann musste Justus zum Tennis und Charlotte zu einer privaten Nachhilfeschule, wo an ihrer Rechtschreibung gearbeitet wird. »Ich habe keine Lust, mich abends noch mit dem Kind dafür hinzusetzen, dann sind wir beide nicht mehr konzentriert genug«, sagt Dorothea. Während sie sämtliche Kinder von ihren Morgenaktivitäten wieder einsammelt, braust sie zwischendurch – Geschwindigkeitsbegrenzungen sind ganz generell nicht ihr Ding – noch kurz zurück in den Supermarkt. Der Salbei zum Nudelgericht für den Abend fehlt noch. »Sie ist ein Gummiball«, sagt

Michael, »es gibt sie nur in zwei Aggregatzuständen: im Rausch oder platt.«

Möglicherweise hat Michaels strategisches Abwarten damals nach den New Yorker Verhandlungsnächten, auch wenn es Dorothea in ihrem Gefühlsüberschwang zunächst verletzt haben mag, sich auf seine Beziehung zu ihren Kindern übertragen und dort bewährt. Nicht nervös war er, die Kinder zu treffen, sagt er, der vermutlich sowieso und stets abstreiten würde, Nervosität überhaupt zu kennen. »Eher neugierig.« Charlotte sei noch zu klein gewesen, Justus ohnehin von der entspannten Sorte. »Aber Antonia, wie reagiert Antonia?, das war die Frage.« Ergebnis: »Sie war sehr rational und ist es geblieben. Nie hat sie den Vorwurf herausgehauen, ›das ist alles nur wegen dir‹«, berichtet er.

Es ging dann alles wieder sehr schnell. Michael zog mit Dorothea zusammen, die Familie wurde größer. Am Tag der Hochzeit war Dorothea schon hochschwanger mit Titus, sie trug ein glutrotes Brautkleid. »Mit meinen drei neuen kleinen Mitbewohnern, das war hardcore«, erzählt Michael. Umstandslos durfte er, der seine Freizeit bislang vornehmlich mit Freunden in Kneipen verbracht hatte, neue Talente an sich entdecken: »Charlotte kam direkt an und krähte: ›Windeln!‹, da gab es kein Entrinnen.« Heute sagt er, alle vier Kinder seien ihm gleich nah – ganz sicher. »Allenfalls das Alter spielt eine Rolle – natürlich stellt eine Fünfzehnjährige andere Anforderungen als ein Fünfjähriger«, sagt er.

Krisen? Ach, Krisen. »Jeden Tag wuppen wir große Projekte im Job, da gibt es andauernd Krisen. Krisen sind dazu da, gemanagt zu werden.« Natürlich sei es auch anstrengend gewesen, mit sehr bald vier Kindern und zwei Vollzeitjobs einen Haushalt zu bestreiten – aber »wenn ich mir überlege, was unsere Großmütter malocht haben, ohne Kühlschrank und Waschmaschine – dagegen schieben wir doch eine ruhige Kugel.«

Dafür sorgen neben den helfenden Großeltern vor allem drei überdurchschnittliche Einkommen dreier überdurchschnittlich qualifizierter Top-Angestellter. Nicht, dass das Haus in Borchen oder das Haus in Paderborn besonders teuer eingerichtet wären, im Gegenteil: Während die Elterngeneration dieser Art von Mittelschicht ganze Vermögen in exklusive Teakholz-Ensembles versenkt hat, haben Dorothea und Michael wie Christian sich an nüchtern-praktische Vorschläge günstiger Möbelhausketten gehalten.

Doch sind zwei Haushalte in zwei Häusern voller Kinderzimmer eben teurer als einer, auch wenn beide Haushalte nur jede zweite Woche auf Volllast laufen und die Häuser bloß gemietet sind. Vor Dorotheas und Michaels Haus stehen zwei große Autos, davon eines neu mit braunweichen Ledersitzen, ein Leasingmodell. Vor Christians Haus steht ein ebenfalls großes Auto, wenn auch eine Preisklasse darunter. Dorothea besteht auf Nahrungsmitteln aus dem Biomarkt – »Da ist dann der Einkaufswagen nur zur Hälfte voll, und doch springt die Anzeige an der Kasse über zweihundert Euro«, sagt Michael kopfschüttelnd. Dorothea und Michael wollen, dass ihre Kinder auch Markenkleidung tragen, »sie sollen ordentlich aussehen«.

Christian sieht das alles nicht so, bei ihm in Paderborn müssen es weder teure Anziehsachen noch Biolebensmittel sein. Die Stereoanlage in seinem Wohnzimmer, gegenüber vom »Linkin Park«-Poster, ist älteren Datums als die von Michael und Dorothea. Christian sieht die finanziellen Grenzen des Projekts »Wechselmodell« sehr deutlich. Er sagt: »Mit einem Drittel weniger Gehalt wäre all das unvorstellbar.« Michael scheint von Geldsorgen wenig geplagt, sagt aber offen: »Natürlich ginge das alles nicht, wenn Dorothea Kassiererin wäre und ich Automechaniker.«

Patchworken ist teuer, so viel ist klar. Ob es über das Leben gerechnet viel teurer ist als das verbreitete Modell, das eine Mutter nach einer Trennung oft in die Teilzeit-Beschäftigung zwingt und den Vater zu meist zähneknirschend gezahltem Unterhalt, steht dahin. Das ließe sich im Fall von Dorothea und Christian auch nicht ermitteln. Für ein funktionierendes Wechselmodell genauso wichtig wie die Gehälter sind die Arbeitszeiten der Eltern. Dorothea, Michael und Christian sind ihren Arbeitgebern so lieb und teuer, dass die ihnen halbwegs flexible Präsenzzeiten am Arbeitsplatz gewähren, flexiblere jedenfalls, als Kassiererinnen und Automechanikern gegönnt werden. Dorothea durfte an der Uni ebenso wie jetzt beim Computerunternehmen auch »home office« machen, wenn ein Kind krank war. »Sie sind alle Gott-sei-Dank so selten, fast nie krank«, vergisst sie nicht hinzuzufügen. »Wenn der Arm gebrochen ist und jemand mit ins Krankenhaus muss, dann wartet auch mein Kundentermin«, sagt Michael. »Dafür telefoniere ich dann noch abends spät mit Kalifornien.« Christian sagt: »Wenn ich die Kinder habe, dann wird die Geschäftsreise auf eine andere Woche geschoben.«

Keiner der drei weiß genau, ob es vierzig Stunden oder nicht sogar wesentlich mehr sind, die sie wöchentlich arbeiten. Wie es bei solchen Jobs üblich ist, zählt niemand die Überstunden. Reisezeiten gelten ihnen eher als Erholungs- denn als Arbeitszeit – Beinfreiheit beim Langstreckenflug vorausgesetzt. Besonders Dorothea und Michael bewerten ihre Arbeitskraft sehr selbstbewusst: »Was zählt, ist, dass wir unsere Aufgaben getan kriegen, und das tun wir in der Tat meist in kürzestmöglicher Zeit«, sagt Michael. Keiner der drei käme auf die Idee, nervös seine Anwesenheitszeit mit der von Kollegen zu vergleichen in der etwas bangen Hoffnung, dass der Chef die Leistung bemerken möge.

Dennoch grenzt es an ein Wunder, dass die Excel-Tabelle und Dorotheas Nerven auch die schier unendlichen Geschäftsreisen speziell von Michael absorbieren, der heute in Oslo und morgen in Hongkong ist, nächste Woche aber wieder in die USA fliegt.

Da gibt es gar keine Frage, erklärt Dorothea: »Ohne Back-up geht gar nichts.« Von Anfang an waren die Großeltern zur Stelle, wenn es galt, Betreuungslücken zu füllen, wenn ein Kind hierhin, das andre dorthin gebracht werden musste. Alle Kinder waren mit spätestens einem Jahr in der Kita, doch mit deren durchschnittlichen Öffnungszeiten ist der Betreuungsbedarf berufstätiger Eltern nur selten gedeckt. Christians Mutter nimmt sogar alle drei Großen auf einmal, verfrachtet sie auch zum Schwimmen. »Es ist so angenehm, die Omas in Reichweite zu haben«, sagt Dorothea. Dass sich durch die Patchwork-Situation die Zahl der Großeltern auf sechs erhöht hat, die Opas sich zudem um ihre Enkel mehr kümmern als vor vierzig Jahren um ihre Kinder, ist dabei nicht von Schaden. »Speziell zu Anfang wäre ohne die Großmütter nichts gegangen«, sagt Christian. Keine bezahlte Fremdbetreuung funktioniert so gut wie eine Oma – erst recht nicht dort, wo Fremdbetreuung erstens selten ist und zweitens so betont wird, als handle es sich um etwas Verwerfliches: in der katholischen Provinz von Paderborn.

Möglicherweise spielt es auch für den Einsatz der Großeltern eine Rolle, dass zwar alle in und bei Paderborn wohnen. Keine der Familien aber ist dem eingeboren-katholischen Paderborner Milieu zuzurechnen, einer Welt, in der man sich untereinander gut kennt. Abweichungen von der für christlich gehaltenen Norm werden hier speziell in Besserverdiener-Kreisen nur bei Strafe ausführlichen und jahrzehntelangen Tratsches innerhalb der heutigen Großelterngeneration geduldet. Nichts davon aber trifft oder betrifft Dorothea und ihre Ko-Patchworker.

Dorothea selbst zog erst im Teenageralter aus Schleswig-Holstein nach Paderborn. Sie erwähnt nur ganz beiläufig, dass sie noch katholisch war, als sie ihre Kinder evangelisch taufen ließ, sie dann selbst aber auch die Konfession wechselte. Michael kommt ursprünglich aus dem Rheinland, ging in Frankfurt am Main zur Schule und hat mit dem Paderborner Klüngel sowieso wenig am Hut. Und auch Christian sagt, dass seine – evangelischen – Eltern zwar bekümmert waren, als es zur Scheidung kam. Aber Vorhaltungen gab es nicht, zumal die Sache ja von Dorothea ausging.

Es klingt nicht, als hätten die Familien oder sonst irgendwer, gemeinsame Freunde vielleicht, den Versuch gemacht, Dorothea und Christian von der Trennung abzuhalten oder diese auch nur zu verzögern. Auch Michael, der immerhin die Verantwortung für drei Kinder mit heiratete, hat keine Warnungen gehört, sagt er: »Meine Freunde haben mir eher auf die Schulter geklopft: Endlich wird er erwachsen.« Und seine Eltern hätten wohl schon etwas gemerkt, als er Dorothea zunächst einmal ganz ohne ihre Kinder vorstellte. Sie seien jedenfalls sehr wenig überrascht gewesen, als beim nächsten Treffen die Information mitgeliefert wurde, es gebe da noch ein paar neue Enkelkinder. Beim übernächsten Treffen kamen auch diese neuen Enkelkinder dann mit.

Ihrer aller Leben hat sich seither so oft geändert.

»Wechseln ist scheiße«, sagt Antonia. Eigentlich ist gerade Papa-Woche, aber seit einiger Zeit bleibt sie doch lieber bei Dorothea und Michael. Das Wechselmodell ist für sie aufgehoben. Christian muss für sie deshalb jetzt Unterhalt zahlen. Warum nicht mehr wechseln, Antonia? »Ich hatte keinen Halt«, sagt sie. »Du hattest das Gefühl, keinen Halt zu haben«, korrigiert Dorothea ganz sanft. Antonia macht ein Gesicht, als sei ihr klar, dass das für Erwachsene ein Unterschied ist – als finde sie aber, dass es für Teenager noch keinen Unterschied geben müsse zwischen interpretierter Realität und gefühlter Realität.

Christian sagt, als das Wechselmodell geschaffen wurde, »war klar, dass das von begrenzter Dauer sein würde. Wenn Kinder in der Pubertät sind, gehen sie eigene, andere Wege, dann passt das Wechselmodell vielleicht nicht mehr, und es müssen neue Modelle gefunden werden«.

In einem Patchwork-Kosmos müssen Abweichungen von der Excel-Tabelle schnell rationalisiert werden. Die Dinge bekommen deshalb flugs ihre Deutung. Es mag Familien geben, in denen nichts interpretiert werden muss, weil jeder alles normal findet, nicht anders kennt und deshalb für natürlich hält.

Wenn Familien sich auflösen und in anderer Form neu zusammenfinden, müssen die Erwachsenen miteinander reden, sich auf Erklärungen einigen und darauf, wer mit welchen Kräften an der Neuzusammensetzung arbeiten kann. Und die Kinder müssen mitmachen, sie haben keine Wahl. Es bedarf einiger Kraft, dies wieder zu einer Form von Natürlichkeit zu erklären.

Es sieht aus, als hätten Dorothea, Michael und Christian diese Kraft und als machten die Kinder mit. Diese Kraft zu haben ist ein großes Glück: ein Amalgam aus hoher Bildung und Intelligenz, sicheren Jobs und ebensolchen Zukunftschancen, stabiler eigener familiärer Herkunft und stabiler Gesundheit. Ohne Toleranz geht gar nichts: Sämtliche Eltern müssen sich halbwegs einig sein, dass es nicht lohnt, über Bio-Lebensmittel gegen Einschweißware vom Discounter zu streiten, sich über Schulbesuch, über Schul- gegen Alternativmedizin in die Haare zu bekommen, und auch nicht darüber, welchen Sonnen-schutzfaktor es im Urlaub braucht. Selbst die Sache mit den Läusen, die Christian kürzlich eine geschla-gene Woche lang in den Kinderschöpfen nicht ent-deckte – schon so gut wie vergessen.

Ein Mädchen, großgewachsen, erscheint mit Farb-spritzern in Haar und Gesicht im Garten. Antonia dekoriert schon wieder ihr Zimmer um, aber nun ist die Farbe alle. »Mama, ich brauche Zink-Gelb«, sagt sie. Es ist Samstag, schon nicht mehr ganz früh, in Paderborn haben die Läden am Wochenende nicht ewig auf. Dorothea steht in einem gigantischen Wä-schehaufen. Allein in dem Waschkorb, den sie gerade hochhebt, sind unzählige Strümpfe und Socken in allen Farben. Michael ist vor wenigen Stunden erst eingeflogen. Er war geschäftlich in den USA und in Kanada, hat Titus ein niedliches AC-DC-Kinder-Shirt mitgebracht. Er schiebt seinen Stuhl in den Schatten, obwohl die Sonne gar nicht mehr brennt. Wer mehrere Zeitzonen durchquert hat und dem Tag entgegengeflogen ist, kann zu viel Helligkeit nicht mehr gut haben. Aber wo Zink-Gelb her muss, muss Zink-Gelb her. »Komm Herzchen, wir fahren. Welcher Baumarkt solls denn sein?« Antonia strahlt heller, als jedes Zink-Gelb an ihrer Zimmerwand das könnte.

Sage keiner, die Dinge ließen sich nicht organisie-ren. Nur müde, müde darf man dabei nicht sein.

»MIR FEHLTE NUR EINER, MEIN VATER«

Johannes und seine Schwester Clara sind zwei junge Erwachsene, die als Kinder nach der Trennung ihrer Eltern mehrere neue Partner von Vater und Mutter erlebten. Das Protokoll einer beschwerlichen Reise. *Von Arne Daniels*

Johannes war sechs Jahre alt, als er auf eine lange, verwirrende Odyssee geschickt wurde, deren Kurs er nie bestimmen konnte. Er erlebte unterwegs Hoffnungen und Enttäuschungen, begegnete Menschen und verlor sie wieder, empfand Liebe und Hass, war ein empfindsames Kind und ein rauer Bursche. Nur zur Ruhe kam er nie. Die Reise, auf die er und seine zwei Jahre ältere Schwester Clara mitgenommen wurden, war die Suche seiner Eltern nach dem Glück.

Die wichtigsten Stationen dieser Odyssee sind schnell erzählt. Als Johannes sechs Jahre alt war und Clara acht, trennte sich ihre Mutter Andrea von ihrem Vater Max. Der zog aus, fand nur ein paar Straßen entfernt eine neue Wohnung und verliebte sich alsbald in Nicole. Sie hatte schon zwei Kinder. Die Mutter holte nach einer Weile ihren neuen Freund Oliver ins Haus. Als der Junge neun Jahre alt war, wurde Oliver durch Michael ersetzt, als er zwölf war, folgte Bernd auf Michael, mit sechzehn Dieter auf Bernd. Dieter blieb, bis Johannes zwanzig war.

Dieters Nachfolger hieß Gunnar, aber da war es Johannes auch schon egal.

Als Johannes elf war, zog zudem sein Vater Max in ein Dorf, dreißig Kilometer entfernt. Dort lebte er fortan zusammen mit Nicole und ihren Kindern. Als Johannes dreizehn war, bekamen Max und Nicole noch ein gemeinsames Kind. Heute ist Johannes dreiundzwanzig Jahre alt. Er sagt: »Ich habe mein Leben lang in der Luft gehangen, hab immer nach einer Familie gesucht und mich immer nur als halber Sohn gefühlt.« Clara, seine Schwester, lebte die gleiche Kindheit, aber mit weniger Kämpfen. Sie ist anders als ihr Bruder, macht die Dinge eher mit sich selber ab oder nimmt sie um der Harmonie willen hin; sie kann sich auch besser abgrenzen, wenn ihr etwas nicht passt. Und vor allem: Während der Junge Johannes immer auf der Suche nach dem Vater war, war sich das Mädchen Clara ihrer Mutter stets sehr sicher. Doch auch sie hat sich oft zurückgesetzt gefühlt.

Man muss sich keine Sorgen um Johannes und Clara machen, sie wirken nicht wie die schwerversehrten Opfer eines fünfzehnjährigen Beziehungs- und Familienkrieges. Sie sind keine vernachlässigten Kinder selbstsüchtiger Eltern, sondern kluge, offene, selbstbewusste und reflektierte Menschen. Johannes lässt sich in Süddeutschland zum Industriekaufmann ausbilden, dann will er sich an der Uni einschreiben, Betriebswirtschaft. Clara studiert in Göttingen Sozialwissenschaften. Johannes sagt: »Ich liebe meine Eltern. Sie haben es so gut gemacht, wie es ging. Ich würde mir von beiden ein Gemälde an die Wand hängen.« Sein Vater, ein Therapeut, hat sich eine über Jahre stabile Beziehung und auch eine neue Familie aufgebaut – nur eben ohne ihn. Insbesondere seine Mutter, eine erfolgreiche Fernsehredakteurin, bewundert er dafür, wie sie ihr Leben gemeistert hat. Er sagt: »Sie ist eine wundervolle Mutter. Bei ihr konnten wir uns immer sicher sein, an erster Stelle zu stehen.« Die Geschichte von Johannes und Clara, Andrea und Max ist eine ganz normale Geschichte aus der Mitte des Bürgertums, sie erzählt von erloschenen Lieben, neuen Hoffnungen, dem beständigen Wunsch, irgendwann das Glück zu finden und doch noch in einer Familie zu leben. Sie handelt vom Versuch, alles richtig zu machen, Liebesbeziehungen und Elternschaft irgendwie unter einen Hut zu bekommen, allen gerecht zu werden, Partnern, Kindern und vielleicht auch sich selbst. Doch Johannes sagt auch: »Es sind viele Schmerzen geblieben.«

Der Begriff Patchwork steht für den Versuch, aus vielen bunten Teilen eine schöne neue Familie zu schneidern. Gelegentlich aber ist das Ergebnis dieser Versuche, jedenfalls für die Kinder, ein Flickenteppich aus Menschen, Gefühlen, Loyalitäten, Sehnsüchten, Enttäuschungen. »Man ist dem ausgeliefert«, sagt Johannes. Was am Ende bleibt, sind oft genau jene Menschen, die schon am Anfang wichtig waren: die Mutter, der Vater, die Schwester, der Bruder. Der Rest: zurückgelassen irgendwo am Rande eines langen Weges.

An die Trennung der Eltern kann sich Johannes kaum erinnern. Seine Schwester Clara, zwei Jahre älter, erzählt von »Streitereien, es flogen schon mal die Blumentöpfe«. Die Trennung: in der Erinnerung ein dunkler Schmerz. Doch dann war da bald Oliver, der neue Freund von Andrea. Sie wollte ja Familie, nicht nur für sich, sondern vor allem auch für die Kinder. Dass Oliver der Anlass dafür gewesen war, dass die Mutter den Vater verlassen hatte, ahnten die Kinder damals nicht. Vor allem Johannes schloss Oliver schnell in sein Kinderherz. Der war ein Künstler, ein kreativer Mensch, in manchem selbst ein Kind. Stundenlang spielte er mit den Kindern, mit dem Jungen baute er ganze Nachmittage an der Modelleisenbahn, bastelte Mohrenkopfwurfmaschinen, malte, las den beiden vor, erforschte mit ihnen den nahen Fluss. »Oliver war toll«, erinnert sich Johannes.

Der neue Mann der Mutter nahm sich Zeit, er hatte sie auch, denn besonders ehrgeizig war er nicht in seinem Beruf. Andrea sagt heute: »Faktisch hatte Oliver die Vaterrolle übernommen.« Doch auch Max, der leibliche Vater, gab sich weiterhin tapfer Mühe. Er verbrachte viel Zeit in dem Haus, das mal seine Heimat gewesen war. Die emotionalen Welten der Kinder wurden komplexer: Wenn die Mutter arbeiten war, kochte an zwei Tagen in der Woche Oliver, an den anderen stand Max am Herd, manchmal saßen auch beide Männer gemeinsam mit den Kindern in der Küche. Sie wollten es ja gut machen. Und es ist ihnen auch gelungen. Johannes sagt: »Es war schön, wie die das organisiert haben, wir haben uns aufgehoben gefühlt.« Auch Andrea nahm diese Arrangements hin, deren Ergebnis war, dass der Mann, den sie verlassen hatte, mehrmals die Woche zu ihr zurückkam. Es sollte den Kindern schließlich gutgehen. Jahre später, am Morgen von Johannes' vierzehntem. Geburtstag, sorgte sie dafür, dass gleich drei Männer um den Frühstückstisch saßen: Max, Oliver und ihr damaliger Freund Bernd. Alle waren dem Jungen ja wichtig, so dachte sie, jeder auf seine Art. Eine Szene wie aus einer dieser modernen Familien-Komödien: Vier verspannte Erwachsene sitzen um einen Jungen herum, der betreten an seinem Geburtstagskuchen kaut. Johannes kann sich an diesen Morgen nicht erinnern: »Das habe ich wohl verdrängt.«

Das Idyll mit Oliver und den Kindern und Max und den liebevollen Küchenplänen hielt nicht lange. Denn Andrea hatte ihr Glück noch immer nicht gefunden. Was Clara und Johannes an Oliver mochten, missfiel ihr immer mehr: dass er so sehr Kind war und so wenig Mann. Dass er so verspielt war und so wenig ambitioniert. Nun hatte sie einen Ko-Vater für ihre Kinder, aber nicht den Mann ihrer Wünsche. Die Liebe fiel in einen unaufhaltsamen Sinkflug, das Begehren verging.

Ein Sommerurlaub in Dänemark, Andrea hatte ein Haus am Strand gemietet, nur für die Kinder und sich. Oliver blieb daheim. Ein Freund würde mal vorbeischauen, erzählte sie eines Morgens, er sei zufällig in der Nähe. Alle machten sich zusammen einen unbeschwerten Tag, doch dann sahen die Kinder durch das Terrassenfenster, wie ihre Mutter den fremden Mann küsste. So trat Michael in das Leben von Clara und Johannes, und davon haben sie sich alle nie erholt. Den Kindern brach ihre Welt entzwei, schon wieder. »Du bist das Allerletzte!«, fauchte Johannes seine Mutter an. Seine Schwester versuchte zu beschwichtigen, aber dass die Mutter den sanften, liebevollen Oliver so kühl und planvoll hintergangen hatte, haben beide Kinder ihr bis heute nicht wirklich verziehen. »Dänemark, das war das Schlimmste«, sagt Clara.

Andrea wusste, dass sie von nun an »gegen eine große Enttäuschung« ankämpfen musste. Sie hatte, sagt sie, ihre Kinder »aus dem Paradies vertrieben«. Doch sie hatte sich entschieden. Für Michael, den sie schon eine Weile kannte und der nicht zufällig in Dänemark gewesen war, der zwölf Jahre jünger war als Oliver und auch deutlich jünger als sie selbst, kernig, sportlich und männlich. Kaum waren sie zurück von der Nordsee, trennte Andrea sich von Oliver, der bald aus dem Haus der Familie auszog. Oliver, den Johannes so sehr in sein Herz geschlossen hatte, dem er sein Vertrauen geschenkt hatte. »Das war fast genauso schlimm wie die Trennung unserer Eltern«, sagt er heute. Ein paar Jahre hielt Oliver noch Kontakt zu Johannes und Clara, trotz allem. Dann zog er fort, weit weg zu einer anderen Frau und ihren Kindern. »Dann hat er wohl denen vorgelesen und mit ihnen Maschinen gebaut«, sagt Johannes, »ich kann es ihm nicht verdenken.« Olivers Interesse an Johannes und Clara ebbte ab. Er verflüchtigte sich mehr und mehr, verschwand aus ihrem Leben. Nur gelegentlich hören sie heute wieder voneinander. Jedes Mal ist es Johannes sehr wichtig.

Bald zog Michael ein, aber eine echte Chance hatte er nicht. Er wünschte sich Familie, er war bereit, auch etwas dafür zu tun, doch vor allem Johannes verweigerte sich seinen Angeboten mit aller Kraft. »Ich habe ihn gehasst. Ich habe ihn bekämpft mit allem, was ich hatte.« Über Monate sprach er nur das Allernötigste mit dem Mann, den er verantwortlich machte für den bitteren Verlust von Oliver. »Johannes hat Michael konsequent ignoriert«, erinnert sich Andrea, »er hat ihn nicht einmal angeschaut. Es war entsetzlich.« Jedes gemeinsame Abendessen war eine Qual, entspannt wie ein Picknick im Minenfeld.

Andrea, die ihren Kindern so gern die Geborgenheit einer Familie bieten wollte, hing nun fest in einem Konflikt, der kaum zu gewinnen ist: Sie stand zwischen den geliebten Kindern und dem geliebten Partner. »Es war schlicht ein Krampf. Da hingen lauter verletzte Menschen aufeinander«, sagt Andrea. Tiefe Traurigkeit befiel auch die Mutter, der Zauber der Kinderjahre war vorbei, die beiden kamen morgens nicht mehr zu ihr ins Bett, da lag ja nun der fremde, verhasste Mann. Der, mit Kindern unerfahren, versuchte sich gegen den aufsässigen, provozierenden Jungen zu behaupten. Die Dinge eskalierten, es kam zu hässlichen Konflikten, zähen Streitereien, Kälte zog ein ins Haus. »Mit zehn oder elf war meine Kindheit vorbei«, meint Johannes.

Und zur selben Zeit zog Max davon, der leibliche Vater. Über Jahre hatte er nur ein paar hundert Meter entfernt gewohnt, im Lebensumfeld seiner Kinder. Nun zog er in ein Dorf, ein Idyll in der Eifel, ohne Auto kaum zu erreichen. Viel zu weit für Clara und Johannes, um ihn einfach nur mal zu besuchen, weiterhin Alltag mit ihm zu teilen. Er lebte nun mit Nicole zusammen, vor allem: mit ihren Kindern. Clara und Johannes bekamen ein kleines Zimmer unterm Dach, sie fühlten sich zurückgesetzt. »Plötzlich waren wir bei unserem eigenen Vater nur noch zu Gast«, sagt Johannes. »Ich konnte mich da nie richtig zu Hause fühlen. Ich hätte mich auch nicht getraut, einfach meine Sachen irgendwo liegen zu lassen. Man gehörte nicht dazu, man hatte sich zu arrangieren.« Den Alltag teilte der Vater nun mit einer anderen Familie. »Für die hatte er sich entschieden, und gegen uns«, so sah es Johannes. »Ich war innerlich zerrissen: Ich hatte so eine Sehnsucht nach meinem Vater, und gleichzeitig wollte ich da nicht mehr hin.«

Wieder versuchten alle, alles richtig zu machen. Max sagte: »Blutsverwandtschaft bedeutet mir nichts. Ihr seid alle meine Kinder!« Aber genau das wollten Johannes und Clara nicht hören, er sollte nur ihr Vater sein. Ihre Großeltern schenkten fortan allen Kindern zu Weihnachten und an den Geburtstagen gleichmäßig Geld, auch denen von Nicole. Das war gut gemeint und dennoch eine weitere Kränkung für die leiblichen Enkel. Wohin sie sich auch wandten, Johannes und Clara mussten eine Liebe teilen, die sie so gut für sich allein gebrauchen konnten. So zumindest empfanden sie es. Zudem hatten Marie und Tom, Nicoles Kinder, mit Krankheiten zu kämpfen und mit Schulproblemen. »Für uns bedeutete das: Wir durften denen nicht auch noch zur Last fallen und Schwierigkeiten machen. Ich musste immer die Tochter sein, bei der alles glattläuft. Die hatten ja schon genug Sorgen«, sagt Clara.

Natürlich gab es auch schöne Momente, gemeinsame Unternehmungen. An eine Reise an die Nordsee, alle zusammen, erinnern sich Clara und Johannes zum Beispiel gern. Doch eine neue Familie, so wie sich das die Erwachsenen vorgestellt hatten, bekamen sie nicht. Clara sagt es so: »Ja, wir haben Marie und Tom gemocht, wir haben sie auch respektiert, aber so etwas wie ein Geschwistergefühl, das ist nie entstanden.« Deren Mutter Nicole war nett zu den Kindern ihres Mannes, sie versuchte, ihnen das Gefühl zu geben, willkommen zu sein, vor allem am Anfang. Aber so richtig gelang es ihr nicht. Man liebt nicht automatisch die Kinder eines geliebten Menschen – oft nimmt man sie, ist man ehrlich, allenfalls in Kauf. Die Zurückhaltung war wechselseitig. »Ich habe Nicole nicht gehasst, ich habe sie aber auch nicht besonders gemocht«, erzählt Johannes. Man gab sich Mühe, aber man blieb sich fremd. Es wuchs nicht zusammen, was nicht zusammengehörte. »Das war eine Zwangssituation für uns alle«, meint Johannes.

Unter der Oberfläche des Bemühens, des guten Willens und der Freundlichkeiten nisteten missgünstige Gefühle: Nicole war eifersüchtig auf Andrea, die attraktive erfolgreiche Fernsehfrau, die Ex-Frau ihres Mannes – deren Kinder Johannes und Clara bekamen es zu spüren. Die wiederum gönnten ihren neuen Stiefgeschwistern den eigenen Vater nicht. Marie und Tom mussten an den Wochenenden plötzlich Platz machen für fremde Kinder, die offensichtlich lustlos zu Besuch kamen. Und Max, der Vater, musste zusehen, wie er im Chaos seiner widerstreitenden Loyalitäten einen klaren Kopf behielt. Ein solches Gebilde ist zerbrechlich, anfällig für Verletzungen und Kränkungen aller Art. Als Johannes konfirmiert wurde, versammelte sich die gesamte Familie zu einem Fest. Der Junge hatte sich Großes vorgenommen: Er hielt eine kleine Rede auf seine Eltern, dankte ihnen für ihre Liebe, versicherte ihnen die seine. Und das vor allen Verwandten und Freunden, für einen Vierzehnjährigen war das ein mutiger, weil hochnotpeinlicher Akt. Max und Andrea waren sehr gerührt – Nicole hingegen reagierte schwer beleidigt, weil sie in der Rede nicht erwähnt wurde. Sie ließ es den Jungen spüren, der erstarrte. Für den Konfirmanden war sein Fest gelaufen.

Johannes und Clara lernten kennen, was viele pendelnde Trennungs- und Patchwork-Kinder nervt: Ihr Leben folgt nicht mehr dem eigenen Rhythmus, sondern einem Wochenplan, der den Bedürfnissen der Erwachsenen entspricht. »Ständig wird man rausgerissen«, sagt Johannes, »nie sind die richtigen Klamotten da, wenn man sie braucht, das Spielzeug, die Freunde.« Die vertrauten Regeln aus der eigenen Familie gelten plötzlich nicht mehr. Was der Vater seinen Kindern früher noch erlaubt hatte, verbot er plötzlich – weil Nicole es ihren Kindern verbot und die neue Familie ja ihren eigenen Kodex haben sollte, verbindlich für alle.

Auch das war eine Quelle ständiger Kränkungen.

Viele Patchworkkinder wissen, wie bitter es sich anfühlt, wenn plötzlich nicht mehr richtig sein darf, was doch immer richtig war, nur weil Menschen, die sich ins Leben drängen, es anders machen. Da kann es schon genügen, wenn das Weihnachtsfest auf einmal anderen Traditionen folgt, wenn es statt Fleischfondue an Heiligabend Raclette zu essen gibt. Läuft alles gut in der neuen Familie, ist so etwas schön und anregend. Wenn nicht, dann ist es: Verrat.

Und dann wurde Annalena geboren, die Tochter von Max und Nicole. Für die beiden Eltern wird das ein großes Glück gewesen sein, vielleicht auch eine Erlösung. Denn sie hatten ja insgesamt vier Kinder, die ihren Alltag und ihre Sorgen bestimmten, aber keines gehörte ihnen beiden zusammen, ihnen allein. Nun war endlich das gemeinsame Kind da, das Puzzlestück, das alle andere Teile verbinden würde, hoffentlich. Und zudem ein Mensch, an dem nicht noch ein anderer Elternteil hing, mit dem man sich zu arrangieren hatte. Für Johannes und Clara aber, damals dreizehn und fünfzehn, war Annalenas Geburt ein Schock. Sie waren verstört und weinten, als sie von Nicoles Schwangerschaft erfuhren. Noch weiter schien der Vater abzurücken, noch deutlicher sich für ein anderes Leben und gegen sie zu entscheiden. Bis heute ist ihr Neid auf die kleine Halbschwester unverhohlen. »Sie wächst so auf, wie ich mir das immer gewünscht habe: in einem schönen Haus, in toller

Natur und vor allem gemeinsam mit Mutter und Vater«, sagt Johannes. »Bis heute nervt mich, dass sie das alles hat«, meint Clara. Klar, sie gönnen es dem Kind, sie mögen es ja auch. Es kann ja nichts für ihre Situation. Und trotzdem. Geschwistergefühle? »Nein, die empfinde ich auch für Annalena nicht«, sagt Clara. Und bis heute durchfährt den längst erwachsenen Johannes zuweilen ein tiefer Schmerz, wenn er seinen Vater sieht, die kleine Halbschwester im Arm. Dann hat er dieses überwältigende Gefühl: Ich will sie sein, so klein, dem Vater so nah.

Das Fehlen des Vaters ist sein großes Lebensthema, bis heute. Pädagogik-Experten und Therapeuten warnen regelmäßig vor den Folgen, die es haben könne, dass die Kinder dieser Generation, vor allem die Jungs, in einer männerlosen Gesellschaft aufwüchsen, großgezogen von alleinerziehenden Müttern, betreut von Kindergärtnerinnen und Lehrerinnen. Aber das trifft es bei Johannes nicht. An Männern hat es in seinem Leben nicht gefehlt. »Mir fehlte nur einer, mein Vater«, sagt er. »Diese Sehnsucht war oft quälend: nach Verlässlichkeit, Zärtlichkeit, ganz selbstverständlicher Loyalität zu mir. Aber dafür hätte ich einen gemeinsamen Alltag mit ihm gebraucht.« Trotz der vielen Menschen in seinem volatilen Familiengebilde fühlte sich Johannes oft einsam.

Es gab auch immer wieder gute Zeiten, auch mit den Freunden der Mutter. Das Kapitel Michael war nach nicht einmal drei Jahren beendet, die Liebe zwischen dem jüngeren Mann und Andrea zerbrach nicht zuletzt an den ewigen Konflikten zwischen ihm und dem sperrigen, feindseligen Sohn. Auf Michael folgte Bernd, und der war von einem anderen Kaliber: Fast zwanzig Jahre älter als Michael und erfahren, er strahlte Ruhe und Gelassenheit aus. »Der hatte ein Händchen für uns«, so sagt es Johannes. Bernd wusste, wie mit den beiden umzugehen war, er hatte selber Kinder, sie lebten bei der Mutter. Er war so klug, nicht gleich bei Andrea einzuziehen, war aber präsent. Bernd beschäftigte sich mit Johannes und Clara, er war großzügig, sorgte für die einfachen, wichtigen Dinge, brachte Essen mit. Johannes mochte ihn sehr. Doch Bernd kam zu spät. »Eigentlich«, sagt Johannes, »hat er mich nicht mehr interessiert.«

Denn zu dieser Zeit hatte der Junge schon begonnen, jenseits der Familie nach Männern, nach einer rauen Geborgenheit zu suchen. »Schon als ich zwölf war, bin ich die Hälfte meiner Zeit draußen aufgewachsen. Ich hab irgendwo mit meinen Kumpeln abgehangen.« Und die waren sehr speziell. »Ehrlich gesagt war mein Freundeskreis in diesen Jahren eine einzige Katastrophe. Viele waren kriminell, viele nahmen Drogen. Aber das war eine Art Familie für mich und für die anderen auch.« Blutsbrüder.

Eher unbewusst suchte er nach Menschen, denen es ähnlich ging wie ihm. »Ich habe mich dort wohlgefühlt, wo viele verlorene Seelen aufeinandertrafen.« Am liebsten aber trieb er sich mit den Türken in seiner Heimatstadt herum. Bei denen zählte noch das Ideal unverstellter Männlichkeit, dort galten klare Regeln, archaische Rituale. Er kämmte sich die Haare zurück, arbeitete an seinem Körper, wählte einen Sport, der seiner Seelenlage entsprach: Boxen, auch Kickboxen. Sport der harten Burschen, die Schmerz nicht kennen. Sein Trainer wurde in diesen Jahren der wichtigste Mann in seinem Leben. Später, während eines Austauschjahres im Süden der Vereinigten Staaten, suchte er die Nähe der Mexikaner in seiner Gemeinde. Es war dasselbe Muster. Mann sein, klare Kante zeigen, kein Getue.

Ausgerechnet in diesen Jahren hob der Mann, nach dem er sich eigentlich sehnte, immer weiter in esoterische Sphären ab. Sein Vater Max hatte sich schon immer gern mit den ätherischen Aspekten der menschlichen Existenz beschäftigt, mit Transzendenz und Spiritualität. Nun legte er noch einmal nach. Während der Junge seine Schlagkraft optimierte, arbeitete der Vater daran, ein Wunderheiler zu werden. Der Sohn suchte den Kick in den dunklen Ecken der Stadt, der Vater sprach in seinem Eifel-Dorf zu den Engeln. »Ich habe immer mehr den Kontakt zu ihm verloren, wir lebten in völlig unterschiedlichen Welten«, sagt Johannes. Aus den USA schrieb er ihm einen langen Brief, er wollte sich ihm erklären, wollte aber auch seinen Vater verstehen. Die Antwort: freundliche Unverbindlichkeiten. »Ab da hab ich ihn gar nicht mehr an mich herangelassen«, sagt Johannes.

Zu Hause bei seiner Mutter hingegen nahm er mehr und mehr eine, wie er heute findet, »sonderbare Rolle« ein: »Ich war der Mann im Haus.« Er fühlte sich verantwortlich für seine Schwester, sah sich nicht als kleiner Bruder, trotz der zwei Jahre, die sie älter ist als er. Er fühlte sich auch verantwortlich für seine Mutter. Einer musste ja aufpassen auf sie. Klar, dass da kein Platz mehr war für einen anderen Mann. Aber natürlich gab es da wieder einen, diesmal hieß er Dieter. Und so begann das Endspiel im Haus von Andrea und ihren Kindern.

Dieter war aus härterem Holz als der umsichtige Bernd. Ein Offizier bei der Bundeswehr, athletisch, forever young. Er war schon mit ganz anderen Fällen klargekommen als mit diesem Sechzehnjährigen in seinen Muscle-Shirts. Der wiederum hatte keine Lust, sich einem weiteren Liebhaber der Mutter anzupassen, und schon gar nicht hoffte er auf Wärme und Geborgenheit, gar auf einen Vater-Ersatz. Das konnte nicht gutgehen. Der Alltag wurde zu einem andauernden Kräftemessen, und Andrea stand schon wieder zwischen Partner und dem mittlerweile hormonell hoch aufgeladenen Sohn. Einmal hatte Johannes Streit mit seiner Mutter, der Ton wurde scharf, da fuhr Dieter ihn an: »So redest du nicht mit deiner

Mutter!« Johannes schrie zurück: »Du hast mir überhaupt nichts zu sagen!« Fast hätten sie sich geschlagen, der Offizier und der Boxer, die Mutter konnte gerade noch dazwischengehen. Weiß wie die Wand, erzählt sie heute, sei ihr Sohn in diesem Moment gewesen. »Von diesem Abend an war das für mich gegessen, mit dem noch irgendwas zu versuchen«, sagt Johannes.

Dann bekam Andrea einen attraktiven Job in Berlin. Sie zog in die Hauptstadt, Clara und Johannes zogen mit, Dieter wurde zur Wochenendbeziehung und verschwand schließlich ganz. Ein gutes Jahr hatten die drei noch Zeit, miteinander zu leben. Es war das Ende eines langen Weges. Schließlich zogen die nun erwachsenen Kinder aus, um Studium und Ausbildung zu beginnen. Johannes ging zurück in den Südwesten. In die Nähe seines Vaters.

Und heute? Max wohnt noch immer in seinem Dorf, mit seiner jüngsten Tochter Annalena und seiner Frau Nicole. Marie und Tom sind mittlerweile ausgezogen. Andrea lebt weiterhin in Berlin, gerade ist sie allein, sie sagt, das sei ja vielleicht auch mal ganz gut so. Die Geschwister Johannes und Clara wohnen in unterschiedlichen Städten, aber sie hängen sehr aneinander. Irgendwo in der Eifel haben sie eine Halbschwester, aber es fühlt sich für sie nicht so an. Oliver, Michael, Bernd und Dieter sind alle aus ihrem Leben verschwunden. Johannes und Clara sagen, sie würden ihre Eltern weiterhin sehr lieben, alle beide. Die Dinge haben sich entspannt. Das Ende der Kindheit macht manches leichter.

Nein, man muss sich keine Sorgen machen um Johannes und Clara, sie werden ihren Weg schon gehen. Und ist irgendwem ein Vorwurf zu machen? Jeder hat doch das Recht, sein Glück zu suchen. Es soll niemandes Schicksal sein, in einer unglücklichen Beziehung um der Kinder willen zu verharren, denn davon haben auch die meist nichts. Aber die Suche ihrer Eltern nach dem Glück – für Johannes und Clara war das eine sehr beschwerliche Reise.

Die Namen der Handelnden in diesem Text sind geändert, Orte und Berufe verfremdet.

»WARUM WILL DIE FREMDE FRAU UNS SO GEFALLEN?«

Rebecca Seidensticker hat erlebt, wie viel bei einer Trennung der Eltern schiefgehen kann, auch wenn alle Beteiligten sich große Mühe geben. *Von Evelyn Roll*

Damals in Hongkong, als die Kinder noch klein waren, gab es, wie es in den dortigen Haushalten üblich war, Kindermädchen. Es waren zwei streng katholische und von den Kindern bis heute sehr geliebte Kindermädchen, Gillian und Abby von den Philippinen, die, wenn sie sich nicht anders zu helfen wussten, auf streng philippinisch-katholische Erziehungsmethoden zurückgriffen, in allerbester Absicht selbstverständlich.

Wenn Rebecca und ihr Bruder nicht lieb waren oder Widerworte gaben, dann drehte Abby kurzerhand alle Sicherungen der Wohnung raus, verschwand mit Gillian durch den Hinterausgang, ließ die Kinder im Stockfinsteren allein und kam erst eine Stunde später wieder zurück. Auch lernten die Kinder Dinge, an denen Psychologen heute ihre Freude hätten: Jedes Mal, wenn ihr was Böses sagt, denkt oder tut, dann kommt ein kleiner schwarzer Punkt in euer Herz. Wenn das Herz ganz schwarz ist, dann gehört es dem Teufel, dann seid ihr für immer verloren. Und manchmal sagten sie eben auch: »Wenn ihr jetzt nicht sofort artig seid, lassen Mama und Papa sich noch eines Tages scheiden.«

Man kann bei der Familie Seidensticker in Bielefeld eine Menge dazulernen: Wie sehr es den Kindern hilft zum Beispiel, wenn alle beteiligten Erwachsenen gut und respektvoll miteinander umgehen. Wenn die Eltern klar und deutlich machen, dass sie zwar nicht mehr zusammenleben, aber Vater und Mutter bleiben, die ihre Kinder sehr lieben. Wenn es wunderbare, einfühlsame Großeltern gibt und vielleicht sogar ein Pferd, an dessen Mähne man sich ausweinen kann.

Es wäre, auch das kann man bei Seidenstickers lernen, möglicherweise alles noch etwas besser gelaufen, wenn die Eltern von vornherein ehrlich und mutig über das Ende ihrer Ehe gesprochen hätten und wenn die neue Frau nicht nur als »gute Freundin« vorgestellt worden wäre. Und vielleicht hätte es auch geholfen, wenn den Kindern nicht die Sorge ins Unterbewusstsein gepflanzt worden wäre, sie könnten Schuld daran haben, wenn ihre Eltern sich eines Tages trennen.

Rebecca Seidensticker ist eine auffallend schöne und attraktive junge Frau von neunzehn Jahren. Helle, wache Augen, offener Blick, dunkle Haarmähne, sehr schlank. Man mag sie sofort. Sie formuliert klug und witzig, ist höflich, gebildet. Und superintelligent offenbar, hat die zehnte Klasse mal eben übersprungen, während die Eltern sich trennten, in einer Zeit also, in der andere Kinder durchhängen.

Vor einer Woche beim ersten Treffen mit ihrem Vater Oliver Seidensticker und seiner neuen Frau Nicole in Berlin hatte Oliver Seidensticker erzählt: »Rebecca war immer der Performer. Ich weiß noch, wie wir das erste Mal im Hard Rock Café waren. Sie kriegte raus, dass da ein Malwettbewerb war. Fortan mussten wir jeden Sonntag da hin, um den Malwettbewerb zu gewinnen. Nicht um teilzunehmen, sondern um zu gewinnen. Was am vierten Sonntag gelang. Und dann war das abgehakt. Was sie angeht, macht sie konsequent, sie zieht es durch und bringt es zu Ende.«

Oliver Seidenstickers Augen funkeln vor Vaterstolz, auch wenn er solche Sachen ostwestfälisch gekonnt beiläufig sagt. So beiläufig, wie er sich selbst immer gern einen »mittelständischen Unternehmer« nennt, bei 1800 Mitarbeitern und einem Jahresumsatz von 205 Millionen.

Rebecca Seidensticker ist das Überfliegermädchen der vierten Generation, ein Überfliegermädchen, das aussieht wie ein Model. Sie hat ein Superabitur hingelegt. Sie kann singen wie Amy Winehouse. Sie hat in Hongkong und Düsseldorf gelebt. Und jetzt wird sie mit ihrem Studium anfangen. Wirtschaftswissenschaften. In Bielefeld.

In Bielefeld? Ja, in Bielefeld. Sie holt da jetzt ein

Stück Papa nach, worüber der Vater sehr glücklich ist. Nach dem Abi war Rebecca drei Monate ganz allein in Hongkong. Da hat sie gemerkt, dass sie noch gar nicht von der Familie weg möchte.

Es ist ein warmer Herbsttag auf der Bielefelder Terrasse der Seidenstickers. Nicole Seidensticker serviert Kaffee und Pflaumenkuchen. Die dreijährige Lena und der zweijährige Felix, zwei fröhliche Blondköpfe, die aussehen wie Zwillinge, stehen mit leuchtenden Augen vor ihrer Halbschwester Rebecca, die auch umgekehrt ganz offensichtlich sehr verliebt ist in die Kleinen. Wie immer hat sie Geschenke mitgebracht, Gummibärchen, Überraschungseier.

Ein schönes Bild. Eine perfekte Familie. Im Hintergrund der großzügige, in drei Etagen abfallende Garten, für Bobby-Cars und Rodelschlitten außerordentlich günstig. Auf der anderen Seite den Hügel hinauf nichts als Wald und Wiesen, dahinter das Haus von Oliver Seidenstickers Eltern.

Warum wohnt Rebecca eigentlich nicht hier, beim Vater, wenn sie sich noch ein Stück Papa holen will? Es gibt dafür drei Antworten. Vor einer Woche in Berlin hatte Nicole Seidensticker gesagt: »Verstehen Sie mich nicht falsch, ich mag das, wenn alle da sind, ich habe sie alle gern. Ich bin allerdings so ein bisschen pingelig. Das macht es manchmal schwierig.«

Oliver Seidensticker hatte genickt und gesagt: »Ich habe es so gern, wenn alle Kinder da sind. Es ist ein

Traum. Aber für länger hier zusammenleben, das geht nicht, das gibt Mord- und Totschlag, dann lässt Rebecca irgendwas liegen, was Nicole nicht mag, oder Nicole räumt Dinge um, die Rebecca lieber woanders hätte, und nach einer Woche gibt es Ärger.«

Nach dem Kaffee in Bielefeld, als der feinfühlige Vater seine Frau und die Kleinen zum Spaziergang aufgefordert hat, damit seine Tochter allein mit der Reporterin sprechen kann, sagt Rebecca: »Ich habe meine eigene Wohnung hier in der Nähe. So kann ich meinen Vater oft sehen, und auch meine Großeltern. Die freuen sich so sehr, mich in der Nähe zu haben. Die sind tierisch aufgeregt. Und ich genieße jeden Tag, den ich mit den Großeltern verbringen kann.«

Und dann sagt sie auch noch: »Außerdem würde das mit Nicole absolut nicht funktionieren. Wir hatten, um ehrlich zu sein, einen schwierigen Start, haben aber inzwischen unser Gleichgewicht gefunden. Durch eine inflationäre Nähe könnte dieses Gleichgewicht schnell aus dem Ruder gebracht werden, das wollen wir nicht riskieren.«

Auch das wird bei einem Besuch der Familie Seidensticker in Bielefeld bald deutlich. Ganz so schlecht und nett und harmlos ist der Begriff Patchwork gar nicht. Vor allem wenn man ihn, wie es sich bei Europas größtem Hemdenschneider anbietet, im textilen Wortsinn nimmt. Von weitem mag so ein buntes Patchwork aussehen wie aus einem Stück. Wenn man dann etwas genauer hinschaut und fühlt, hat jedes Patch seine eigene Struktur, seine eigene Farbe, eigenes Material, Faden, Gewebe, Dichte, Durchschuss. So wie jeder in so einer Patchwork-Familie seine eigene Struktur und Geschichte hat, seine eigene Perspektive auf das Ganze. Wahrscheinlich kann man über Patchwork-Familien genau so viele unterschiedliche Geschichten und Variationen von Geschichten erzählen, wie Personen beteiligt sind.

Oliver Seidensticker ist ein gut aussehender Mittvierziger, lässig in Jeans, offenem Hemd und Sakko. In Bielefeld geboren, Lehre zum Industriekaufmann bei Adidas. Als er Betriebswirtschaft in Osnabrück studiert, ist er schon mit seiner Jugendliebe verheiratet, die er kennt, seitdem er einundzwanzig und sie gerade siebzehn war. 1995 gingen die beiden nach Hongkong, mit den Kindern, die damals so alt waren wie Lena und Felix heute. Oliver Seidensticker wurde Geschäftsführer der dortigen Tochterfirma, bis er im Jahr 2004 zurückkehrte und in Bielefeld die Gesamtleitung der Seidensticker-Gruppe übernahm, zusammen mit seinem Cousin und einem familienexternen Geschäftsführer.

In Hongkong hatte der junge Vater viel Arbeit, und die Welt zu Füßen. »Ich kam am Wochenende an und war k. o., und sie wollte was mit mir erleben, wollte mir neue Leute vorstellen. It takes two to tango.«

Es ist eine alte Geschichte. Oliver Seidensticker erzählt sie so: »Wir liefen dann in zwei Parallelwelten, die sich nie so ganz trafen. Wir haben das zwar beide kritisch reflektiert. Aber irgendwo ist die Liebe auf der Strecke geblieben.«

Beide versuchten dann aktiv ein Jahr lang, alles für die Ehe zu tun. Und dann war doch klar, es funktioniert nicht mehr, es ist aus. Es gab noch den Plan, dass er sich in Hongkong eine kleine Wohnung nimmt. Dann kam der Ruf zurück nach Deutschland. Sie zog mit den Kindern nach Düsseldorf, das war nicht in Bielefeld, aber auch nicht zu weit weg vom Vater.

Beide haben inzwischen neue Partner. Oliver Seidensticker ist neu verheiratet, hat die beiden kleinen Kinder. Und auch sie lernte einen tollen Mann kennen, der sich von Anfang an sehr gut mit Oliver Seidensticker verstand. Das hat auch noch mal allen geholfen.

Oliver Seidensticker spricht mit hohem Respekt über seine erste Frau und auch über ihren neuen Partner. Die Idee bei der Scheidung war von Anfang an: Wir führen keinen Rosenkrieg. Die Kinder werden nicht instrumentalisiert. Wir stellen sie über alles. Mit kluger Hilfestellung aller vier Großeltern funktionierte das dann. Auch weil die Eltern im Gespräch miteinander blieben und den Kindern immer zeigten, dass sie weiterhin an einem Strang ziehen. Wenn die Kinder beim Vater waren und wenn es mal Stress gab oder das übliche Bei-Mama-ist-es-viel-schöner, dann hatte Oliver Seidensticker im selben Moment den Hörer in der Hand, rief seine Ex-Frau an und sagte: »Du, die Kinder finden es bei dir schöner, soll ich sie dir rüberschicken?«

Vor einer Woche, im Foyer des Berliner Westin Grand Hotels in Berlin, hatte das alles so wunderbar und gelungen geklungen, dass die Reporterin schon zur nächsten Frage übergehen wollte. Da sagte Oliver Seidensticker noch: »Einen Fehler haben wir allerdings gemacht. Wir haben den Kindern viel zu spät gesagt, was los ist.«

Wann denn?

»Auch als wir nach Deutschland zurückgingen noch nicht. Unterm Strich haben wir das völlig verbockt. Beide. Jedenfalls haben wir nie richtig zusammengesessen und alles ausgesprochen, was auch ein Riesenfehler war. Weil wir dachten, die sind noch so jung, das verkraften die noch nicht, wir machen denen erst mal ein bisschen was vor, erklären es ihnen doch so: Mama lebt in Düsseldorf – ich bin zu der Zeit dann fast wöchentlich in Düsseldorf gewesen – und Papa arbeitet nun einmal in Bielefeld.«

Das heißt, die Kinder haben möglicherweise geahnt, es ist irgendwie anders, bekamen aber diese Geschichte erzählt. »Das ging bestimmt zwei Jahre so. Dann erst wurde es thematisiert. Und dadurch haben die Kinder lange Zeit auf jedes Anzeichen von ›Mama und Papa verstehen sich vielleicht doch noch und das wird schon wieder‹ reagiert und gehofft. Dadurch waren dann auch alle Zäsuren – als Papa eine neue Freundin hatte, geheiratet wurde, ein neues Kind kam – immer neue Panikmomente für die Kinder, die ja hofften, dass die Eltern doch zusammenbleiben.«

Man sieht Oliver Seidensticker das Unbehagen über sich selbst an, wenn er sich daran erinnert. Und er sagt: »Wir haben das so dumm gemacht. Und gegen alle guten Ratgeber. Heute würde ich jedem raten, sprecht unbedingt bald und offen mit den Kindern, macht das, auch wenn es ganz furchtbar wird und viele Tränen fließen werden, aber sprecht mit ihnen.«

Wenn man eine Woche später seine Tochter Rebecca fragt, ob sie das Spiel nicht ohnehin schon etwas früher durchschaut hat, muss sie lachen. Dann denkt sie eine Weile nach und sagt: »Ich nehme sogar an, unterbewusst habe ich das vom Tag eins der Irritation an gewusst.«

Wie alt waren Sie da?

»So um die acht Jahre. Also Jahre, bevor sie es uns dann gesagt haben. Schon in Hongkong war es ja so, dass Papa nicht mehr bei meiner Mutter im Bett geschlafen hat. Wir ahnten also durchaus, dass etwas nicht stimmte, aber wir wollten es gar nicht wissen. Wir wollten unbedingt glauben, dass alles in Ordnung ist.«

Und als Sie es dann nicht mehr so richtig geglaubt haben, haben Sie darüber gesprochen mit Ihren Eltern, oder wenigstens mit Ihrem Bruder?

»Nein, nie. Ich wollte es nie aussprechen, weil ich es nicht wahrhaben wollte. Totschweigen ist ein gutes Wort. Als Kind denkt man, wenn ich nur einfach nicht darüber rede, vielleicht stimmt es nicht. Vielleicht kann ich es auch wieder ändern, wenn ich alles gut mache und einfach so tue, als wäre nichts.«

Es dauerte lange, bis Rebecca dann in Deutschland anfing, wenigstens mit ihrer Mutter darüber zu sprechen. Was für einen Teenager auch nicht gerade einfach ist, wenn man erst lange Zeit alles in sich hineingefressen hat und überhaupt nicht weiß, wie man damit umgehen soll.

»Es ist ein ganz normaler Teil des Bewältigungsprozesses«, sagt Rebecca, »wir Kinder waren natürlich sehr verletzt. Wir sind, wie soll ich es sagen, temperamentvoll damit umgegangen und sicherlich auch nicht immer ganz fair. Wir wussten zum Beispiel genau, an welchen Knöpfen wir drehen mussten, um unsere Mutter unter Druck zu setzen. Mit Papa hätten wir uns das nicht getraut.«

Was sind das für Knöpfe gewesen?

»Uns sind schon einige Dinge eingefallen«, sagt Rebecca und lacht auf eine verschwörerisch-grinsende Art, dass man sie sich auf einmal sehr gut als temperamentvollen Teenager vorstellen kann.

»Ich war zudem mitten in der Pubertät. Auch ohne Scheidung ist diese Zeit ja für jedes Kind eine große Herausforderung. Und wenn ich jetzt so im Nachhinein darüber nachdenke, fühlten wir uns ja zu keiner Zeit ungeliebt. Wir fühlten uns verraten, wir waren sauer, wir dachten, dass wir Hass empfinden, wobei es eigentlich nur Trauer war.«

Der erste Fehler, die Kinder nicht rechtzeitig aufzuklären, gebar einen zweiten. Oliver Seidensticker hatte sich in Bielefeld schon neu verliebt, in seine heutige Frau. Wenn die Kinder aus Düsseldorf zu Besuch waren, war Nicole, die heutige Frau Seidensticker, aber nicht Papas Neue, sondern nur »eine gute Freundin«. Sie musste sogar vor sieben das Haus verlassen, damit die Kinder nicht merkten, wo die gute Freundin geschlafen hatte.

Rebecca fand das mit der »guten Freundin« von vornherein blöd und glaubte es genau fünf Minuten. Gleich beim ersten Treffen war sie misstrauisch. Warum kommt diese Frau eigentlich mit zum Paddeln? Warum versucht die so, uns zu gefallen? Und später: Warum ist die jetzt fast immer da? Warum wird es nicht endlich ausgesprochen?

»Ich fand es nicht fair«, sagt Rebecca, »aber ich kann Papa verstehen. Zu einer Bekannten sind Kinder erst mal nett. Wenn er uns Nicole gleich als seine Neue vorgestellt hätte, wäre ich wahrscheinlich ausgerastet und unausstehlich gewesen.«

Und dann sagt Rebecca die drei wahren und traurigen Sätze, mit der man wahrscheinlich jede Scheidungsgeschichte beschreiben kann, in der Kinder mitspielen: »Ich glaube allerdings, dass es eigentlich nie den richtigen Weg gibt, um es einem beizubringen. Ich meine, irgendwer wird immer verletzt. Eigentlich werden ja alle Beteiligten verletzt.«

Nicole war damals selbst erst dreiundzwanzig und dachte, der Olli wird schon wissen, was für seine Kinder am besten ist. Heute sagt sie: »Da haben wir einen großen Fehler gemacht. Die Kinder hätte man aufklären müssen. Dann wäre es für uns alle einfacher gewesen. Weil es ja auch so ist: Kinder kriegen sehr viel mehr mit, als man denkt. Die haben ja so feine Antennen, unglaublich. Als ich dann schwanger war, in der neunten Woche, als wir es selbst noch gar nicht so richtig wussten, da hat Rebecca es schon gespürt und zu ihrer Mutter gesagt: Nicole ist jetzt auch noch schwanger.«

In Wahrheit sagte Rebecca ihrer Mutter etwas ganz anderes: Die bekommen jetzt auch noch ein Ding. Ein Ding kommt. Ich will das Ding nie sehen. Ich werde es nicht anfassen. Sie wollte es nicht einmal benennen.

Als Rebecca und das »Ding« sich dann zum ersten Mal sahen, war alles ganz anders. Rebecca war von der ersten Sekunde an verliebt in Lena. Und die Liebe wächst mit jedem Tag.

Und trotzdem. Da war offenbar noch etwas, das die Sache komplizierter gemacht hat, als nötig gewesen wäre. Seit es Nicole gab, existierte für die Kinder ein Papa ohne Nicole nicht mehr. Das fanden die Kinder falsch. Das sagten sie schließlich auch. Aber nicht gleich. »Wir hatten ja keine andere Wahl. Wir wollten unseren Papa. Und wie wir unseren Papa wollten. Wenn wir ihn aber wollten, mussten wir sie mitnehmen. Sie war immer dabei.«

Vielleicht hätte man einfach von vornherein ein bisschen klarer machen müssen, dass es auch reine Kinder-Vater-Zeit gibt. Wahrscheinlich wäre das auch für das Verhältnis der Kinder zu Nicole besser gewesen, alle hätten langsam in die neue Situation hineinwachsen können. Die Kinder hätten nicht das Gefühl gehabt, die wird uns aufgezwungen.

Hätte, wäre, würde. Im Nachhinein ist man immer schlauer.

Am Anfang nahmen die Großen das hin. Es gab so wenig Zeit mit dem Vater, nur jedes zweite Wochenende. Und die Zeit wollten die Kinder dann schön haben. Auch wenn sie nicht glücklich waren, hätten sie nie gesagt, dass sie nicht glücklich waren. Haben gewisse Themen einfach nicht angesprochen. Wollten es ihrem Vater nicht abnehmen, die Dinge anzusprechen. Eine schwierige Zeit war das. Nachher weiß man es immer besser.

Und nachher macht man es auch besser. Heute

haben die großen Kinder auch ihre Zeit mit dem Vater allein. So oft wie möglich unternimmt Oliver Seidensticker etwas ganz allein mit seinem Sohn. Sie wandern ein paar Tage in den Bergen, gehen zelten. Oliver Seidensticker muss für sich neu akzeptieren, dass da jetzt ein fertiger junger Mann neben ihm geht.

Das Verhältnis zwischen Vater und dem ältesten Sohn hatte auch seine Komplikationen, die langsam heilen.

Rebecca sagt: »Mein Bruder ist ein sehr emotionaler Mensch. Außerdem hat er das größte Herz, das ich kenne. Ich liebe ihn über alles. So eine dicke Lederhaut hat er, aber einen ganz weichen Kern. Er ist ganz sensibel. Einer der sensibelsten Menschen, die ich kenne. Dafür bewundere ich ihn. Solche Qualitäten sucht wohl jede Frau in einem Mann. Leider hat er oft das Gefühl gehabt, mir vor allem im intellektuellen Bereich nachzustehen, weil mir in der Schule scheinbar alles zuflog, er aber hart für das Bestehen kämpfen musste. Dabei ist er wahnsinnig intelligent. Das Konzept ›Schule‹ ist einfach nicht für jeden gemacht.«

Als dann die beiden kleinen Kinder kamen, bestand natürlich die Angst, sie könnten noch einmal eine Art Konkurrenz bedeuten. Doch inzwischen liebt auch er Lena und Felix über alles.

Rebecca sagt es so: »Die Kleinen können schließlich gar nichts dafür. Und Papa zeigt auch ganz deutlich, dass ihm alle vier Kinder gleich wichtig sind. Jetzt sind wir natürlich auch selbständiger. Ich bin mit ihm einfach mal auf Geschäftsreisen mitgefahren, auch wenn wir vier Stunden nur im Auto saßen. Aber wir haben uns vier Stunden toll unterhalten. Oder übermorgen, da gehen wir zusammen zu Abend essen, nur wir zwei.« Rebecca scheint sehr genau zu wissen, warum sie nach Bielefeld gezogen ist.

Stimmt schon. Man kann über Patchwork-Familien genau so viele unterschiedliche Geschichten und Variationen von Geschichten erzählen, wie Personen beteiligt sind. Jedes Patch hat seine eigene Geschichte. Und wenn man mit dem Vater, der neuen Frau und mit Rebecca Seidensticker gesprochen hat, kennt man noch nicht die anderen Geschichten, Geschichten, die der Bruder, die Mutter oder der neue Lebensgefährte der Mutter und die dazugehörigen Großeltern zu erzählen hätten; und auch nicht, was Lena und Felix eines Tages denken und erzählen werden, wenn sie groß sind.

Bald hat Felix Geburtstag. Rebecca überlegt jetzt schon, welchen Kuchen sie ihm backen wird: »Zu jedem Kindergeburtstag gehört natürlich ein selbstgebackener Kuchen. Papa hat nicht die Zeit dazu, Nicole ist kein Küchenmensch, mir macht das Backen Spaß. Ich übernehme also den Job.«

Offenbar ist es immer Rebecca, die Lösungen sucht und findet und für alle die Verantwortung übernimmt, ein bisschen zu viel vielleicht für einen jungen Menschen. »Ich tendiere sehr wohl dazu, mir ständig zu viele Gedanken zu machen. Die Gefahr ist natürlich, dass man selbst dabei auf der Strecke bleibt. Deshalb finde ich es besonders schön, auch meine Großeltern nun so nah bei mir zu haben, da ich so auch sichergehen kann, dass es ihnen gut geht. Man macht sich natürlich immer etwas Sorgen.«

Die Reporterin muss beim Abschied ein wenig aufpassen, dass ihre innere Mutter nicht anspringt und sagt dann trotzdem: »Das Beste, was man für die Menschen tun kann, die man liebt, ist, Verantwortung für sich selbst zu übernehmen, jedenfalls sollte man aus lauter Verantwortungsgefühl für die anderen auf keinen Fall …« Rebecca Seidensticker nickt und ergänzt den Satz: »… sich selbst vergessen. Keine Sorge, ich habe das alles im Griff.«

Die Seidenstickers haben es doch gut gemacht, denkt man dann im Zug auf dem Heimweg. So gut, wie es für sie möglich war.

Einige Namen in diesem Text sind geändert.

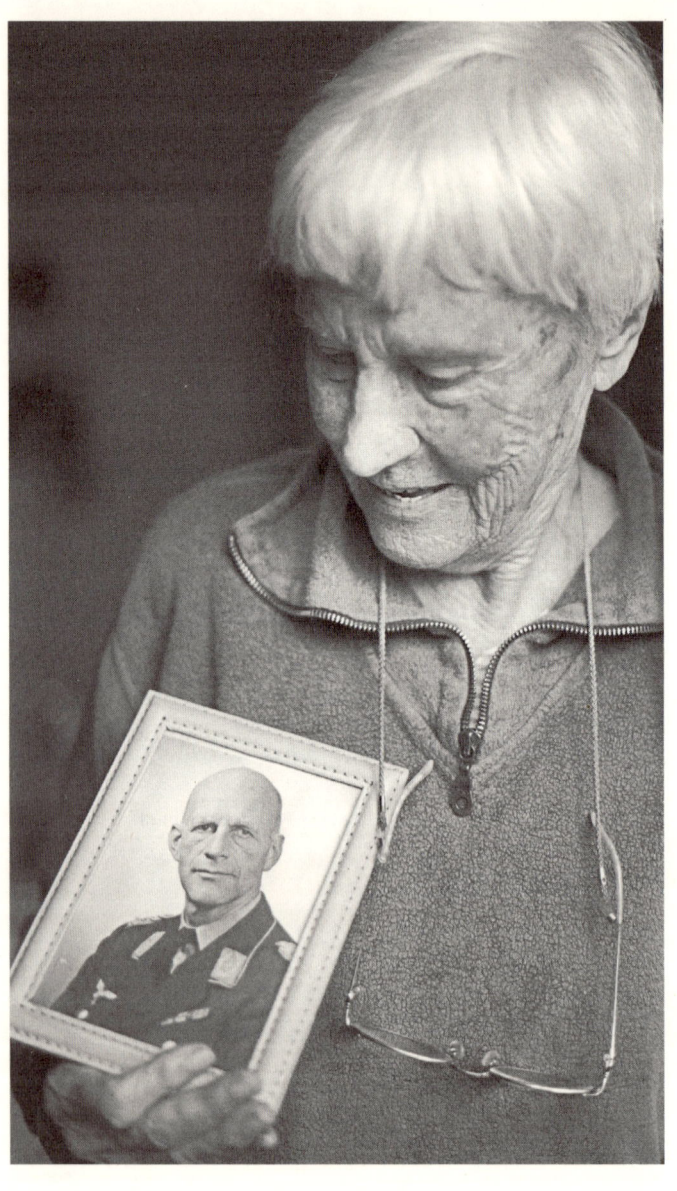

»EINEN BESSEREN VATER HÄTTE ICH NICHT BEKOMMEN KÖNNEN«

Barbara Grüttner wurde 1921 unehelich geboren, was damals eine Schande war. Patchwork war ihre Rettung. Sie wuchs in einem Frauenhaushalt auf. Später bekam sie einen Stiefvater, den sie verehrte. *Von Wulf Schmiese*

Er hat sie gerettet. Die ganze Familie, sogar die ganze Stadt. Sein eigenes Leben hat er für sie alle aufs Spiel gesetzt. Nun dämmert der Morgen, und Barbara ist stolz: auf ihren Stiefvater.

Es naht das Ende des Zweiten Weltkriegs, die Russen stehen vor Greifswald. Hinter ihnen liegt eine Schneise der Verwüstung: zerschossene und zerbombte Städte, getötete Kinder und Greise, vergewaltigte Frauen und Mädchen.

Greifswald drohte dasselbe Schicksal, doch Barbaras Stiefvater hat es verhindert. Über die Feindeslinie ist er bei Nacht und Nebel gefahren und hat den Sowjets die Kapitulation angeboten. Darauf steht Todesstrafe. Noch lebt Adolf Hitler, er wird sich erst am Nachmittag dieses Montags das Leben nehmen. Am Tag darauf wird Barbara ihren Stiefvater das allerletzte Mal in ihrem Leben sehen.

»Mein Vati war wirklich ein sehr mutiger Mann«, sagt Barbara Grüttner. Sie lebt heute mit ihrem ältesten Enkelsohn zusammen, eine Schar von Urenkeln tollt durch den Garten hinter dem Haus. Sie sitzt in ihrem Sessel unter vielen gerahmten Familienfotos. Ganz oben hängt das schwarz-weiße Porträt des Stiefvaters: Max Otto Wurmbach, ein ernst blickender Mann mit Glatze und einem langen, schmalen Gesicht. Er trägt seine Wehrmachtsuniform; bei Kriegsende war er der stellvertretende Stadtkommandant von Greifswald. »Eigentlich war er schon pensioniert, aber es gab ja kaum noch Männer. Da hat er sich ehrenamtlich zur Verfügung gestellt.«

Neunzig Jahre alt ist Barbara Grüttner nun, ein langes Leben liegt zwischen ihr und jenen Tagen. Doch ihr Stiefvater ist ihr größter Held geblieben. Spät war er in ihr Leben getreten, siebzehn Jahre lang hatte sie auf ihn gewartet. »Einen besseren Vater hätte ich nicht bekommen können.«

1921 kam sie zur Welt, Ende November, vor einem weiteren Hungerwinter im Nachkriegs-Berlin. Für ihre Mutter Susanne war es das Ende des ehrbaren Lebens. Sie war 23 Jahre alt, eine hübsche Brünette mit weiten, scheuen Augen. Aus Saarbrücken war sie mit großen Lebensplänen fortgegangen. Der Kaiser hatte einen Platz an der Sonne für sein Volk erkoren, und Susanne wollte eine Stelle in den deutschen Kolonien. In Mecklenburg machte sie dafür eine Ausbildung zur Gutsekretärin. Doch der Krieg ging verloren, der Kaiser floh, die Novemberrevolution veränderte das Land. Und Susanne blieb im Büro des Gutshofs.

Mit einem studierten Landwirt bekam sie zu tun, einem Doktor Wilhelm Friederich aus Berlin. Der war zwar doppelt so alt wie sie, sah aber gut aus – und unversehrte Männer waren rar in jenen Nachkriegsjahren. Susanne bekam ein Kind von ihm. Seine Frau und die vier Kinder verließ er nicht.

In einer Klinik in Berlin-Charlottenburg wurde Barbara geboren. Ein kinderloses Paar bot sich an, sie zu adoptieren, um dem Kind »ein Leben in Würde« zu bieten. Doch Susanne wollte ihr Baby auf keinen Fall fortgeben.

Doktor Friederich kaufte für Mutter und Kind ein kleines Haus in Greifswald, am St. Georgsfeld, einer guten Adresse, an die er monatlich stattliche zweihundert Mark Unterhalt schickte. An dem Haus beteiligte sich auch eine Lehrerin, eine ältere Freundin Susannes vom Gutshof. Sie zog mit ein. »Ihr Bruder hatte sie gewarnt, dass meine Mutter sie womöglich nur ausnutzen wolle«, erzählt Barbara Grüttner. Die Lehrerin aber vertraute Susanne, und sie wollte in Greifswald eine Privatschule gründen. Für Barbara wurde sie zur »Muhme«. Tante klang in damaligen Zeiten zu französisch.

Sieben Jahre lang wurde Barbara nur von Muhme unterrichtet, in deren eigener, winziger Schule. Niemand fragte das Kind dort nach dem fehlenden Vater, dafür sorgte die Schulleiterin. Und Barbaras Mutter spielte vor den Nachbarn stets eine falsche Rolle. Jahrelang trug sie zum Schein einen Ehering und sagte, sie sei geschieden. Doktor Friederich kam regelmäßig zu Besuch. »Für mich hieß er Onkel Willi.« Warum er so übermäßig gerührt war, wenn sie ihm im Auftrag der Mutter zum Geburtstag gratulierte, verstand sie nicht. »Seine Ergriffenheit war mir peinlich, ohne dass ich wusste, warum.«

Die Kleine hatte jahrelang keine Ahnung, was ein Vater überhaupt war. Vom Nachbarjungen Jochen, mit dem sie durch die Gärten tobte, hörte sie öfter, dass ihm zu Hause mit der Peitsche gedroht wurde. Er nannte den Mann, der das tat, Vati. »Ich dachte, das sei ein Name.« Als sie ihm eines Tages höflich auch ein »Hallo Vati« zurief, brummelte der strenge Nachbarvater: »Vati is jut.« Von wegen Vati! »Was wusste ich denn? Ich bin doch Männern so gut wie nie begegnet. Ich hatte irgendwie Angst vor denen.«

Als Barbara älter wurde, bastelte sie sich aus all den ausweichenden Antworten ihrer Mutter eine Geschichte, mit der sie leben konnte. Sie glaubte nun, ihr Vater sei an irgendwelchen Kriegsfolgen gestorben. Millionen Männer waren ja im Ersten Weltkrieg gefallen. Viele Kinder lebten ohne Vater, besonders in einer Garnisonsstadt wie Greifswald. Und falls sich ihre Eltern vor seinem Tod hatten scheiden lassen, schien auch das der kleinen Barbara nur halb so schlimm.

Doch dann kamen die Nazis an die Macht, Muhme

musste ihre Privatschule schließen. Barbara wechselte an eine öffentliche Schule. Es gab neue Fächer und andere Lehrer, in Rassenkunde wollten sie von Barbara nun ganz genau wissen, wer ihr Vater sei. Der Gemeindepastor hatte ihre Mutter bereits seit Jahren gedrängt, dem Kind die Wahrheit zu sagen. »Sie war eine religiöse Frau, sie hat sich immer tiefer geschämt, mit der Lüge zu leben und mit der Sünde.«

Barbara war zwölf, als sie schließlich von ihrer Mutter erfuhr, wer Onkel Willi wirklich ist. Die Wahrheit war ein tiefgehender Schock: »Ich war entsetzt. Ausgerechnet dieses Schändliche war ich nun: ein uneheliches Kind«, sagt sie fast achzig Jahre später.

»Unehelich«, allein dieses Wort quälte sie, es klang wie eine Behinderung. Nun wurde ihr einiges klar: Weshalb etwa ihr Klassenlehrer der Mutter ihrer besten Freundin geraten hatte, sie solle den beiden Mädchen den Umgang miteinander untersagen. Barbara fühlte sich betrogen. Sie glaubte ihrer Mutter nicht, dass sie trotz der widrigen Umstände ein Wunschkind gewesen sei. Sie hielt das für den hilflosen Versuch, sie zu trösten. »Das beschäftigt mich bis heute«, sagt sie. »Wie gern würde ich mit meiner Mutter darüber reden, ob das wirklich stimmt. Solange sie lebte, haben wir nie mehr darüber gesprochen.«

Mit Onkel Willi wollte die zwölf Jahre alte Barbara nicht mehr als nötig zu tun haben, nachdem sie erfahren hatte, dass er ihr Vater ist. Zuvor hatte sie ihn ganz gern gehabt, doch nun ging er ihr auf die Nerven mit seinem vorsichtigen Werben um ihre Gunst. Willi blieb ein ferner Onkel, ein Besucher – als Vater lehnte Barbara ihn ab.

Außerdem brauchten sie doch gar keine Männer, dachte sie. Sie kamen ganz gut zurecht als reine Frauenfamilie: Mutti und Muhme waren die Eltern. Und eine drei Jahre ältere Schwester hatte sie in Lore, ihrer Cousine. Deren Eltern hatten sich scheiden lassen und das Kind in den zusammengewürfelten Frauenhaushalt nach Greifswald abgeschoben.

Onkel Willis Besuche wurden nun immer seltener, obwohl er inzwischen im nahen Stralsund lebte. Susanne hatte die Beziehung zu ihm beendet. Dennoch schrieben sie sich wöchentlich, und hin und wieder kam er noch, vor allem, um seine Tochter zu sehen. Nur zahlen konnte er bald nicht mehr, weil er zeitweise arbeitslos geworden war. Susanne musste nun Geld verdienen für die Familie. Doch sie wollte keine Stelle in Greifswald antreten, keinen Ahnenpass dort vorlegen, der bewies, dass Barbara ihr uneheliches Kind war. Greifswald war eine kleine Stadt, nicht jeder der 30 000 Einwohner sollte wissen, dass sie in »ungeordneten Verhältnissen« lebten, wie das damals hieß.

Susanne ging nach Berlin, denn unter vier Millionen Menschen lebte es sich anonym. Viele große Firmen suchten im Zuge der Wiederaufrüstung Frauen wie sie, die Schreibmaschine und Steno schreiben konnten. Susanne nahm eine Stelle bei Siemens an, zog in ein Zimmer in Siemensstadt, der düsterroten Betriebssiedlung, wo mancher gefallene Engel gelandet war. Hundertsechzig Mark verdiente sie im Monat. »Das reichte kaum für Miete und ihr eigenes Leben.«

Nun war die vaterlose Barbara noch dazu ohne Mutter. Sie wohnte weiter in Greifswald, um dort ihr Abitur zu machen. Bald zog auch die Cousine Lore fort, um in Stettin Krankenschwester zu lernen. »Mir blieb nur Muhme.« Die ging als Helferin in der Universitätsverwaltung arbeiten, um sie beide durchzubringen. Onkel Willi hatte zwar wieder Arbeit gefunden, doch mehr als zwanzig Mark im Monat konnte er nicht abgeben.

Wenn die Mutter alle vier Wochen sonntags heimkam, fiel nun öfter der Name Max Otto Wurmbach. Er war ein Brieffreund der Muhme, die allen am Tisch aus seinen wohlformulierten Briefen vorlas. Das Schicksal der Familie Wurmbach klang für Barbara spannend und traurig zugleich. Zur Zeit der großen Arbeitslosigkeit waren die Wurmbachs nach Persien ausgewandert, wo Max Otto als Ingenieur gearbeitet hatte. Seine Frau Frieda und seine zwei Töchter hatte er mitgenommen nach Isfahan, wo seine Frau jedoch an einer Embolie gestorben war. Jetzt, im Jahr

1937, war der Witwer Max Otto Wurmbach zurück-
gekehrt nach Deutschland. In Berlin suchte er Arbeit
und Kontakt zu alten Bekannten, auch zu denen seiner verstorbenen Frau, die einst wie Susanne auf dem
Gutshof in Mecklenburg gearbeitet hatten.

»Bei meiner Mutter und ihm hat es nicht nur sofort gefunkt, es hat geknallt«, sagt Barbara, und ihre
Augen funkeln noch heute begeistert. Sie erfuhr es
damals als eine der Ersten, sie war sechzehn Jahre alt.
Als sie ihre Mutter in Berlin besuchte, wurde ihr der
fast zwei Meter große Herr vorgestellt. »Mir gefiel
der auf Anhieb, so zurückhaltend charmant und at-
traktiv«, schwärmt Barbara noch ein Dreivierteljahr-
hundert später. Sie klingt dabei wie der Teenager, der
sie damals war.

Max Ottos Tochter Ingrid war drei Jahre älter.
Seine kleine Tochter Erdmute war acht. Als Familie
zusammenleben konnten sie aber nicht, solange der
Vater ohne Arbeit war. Max Otto Wurmbach fand
mit seinen zweiundfünfzig Jahren keine Anstellung,
die ihm gefiel. In einem großen Hotel hätte er als
Chefportier anfangen können, aber was sollte er da,
als promovierter Ingenieur für Hüttentechnik? Noch
wohnte er in einem möblierten Zimmer in Berlin.
»Er lebte auf Pump«, sagt Barbara. »Er hatte seine
Lebensversicherung beliehen.« Schließlich bewarb
er sich bei der Wehrmacht. Er war schon im Ersten
Weltkrieg Offizier gewesen.

Als er eine Stelle als Major antrat, erfuhr Barbara, dass ihre Mutter und Max Otto heiraten würden. »Hoch entzückt war ich«, sagt Barbara, »richtig glücklich, nun einen echten Vater zu bekommen.« Auch ahnte sie schon damals, wie erleichternd es für ihre vierzig Jahre alte Mutter sein musste, ihren Mädchennamen loszuwerden. Trotz der großen Tochter war sie noch allseits mit Fräulein angeredet worden.

Selbst für einen Mann von Welt wie Max Otto Wurmbach war es damals noch ein ungewöhnlicher Schritt, »so eine« wie Susanne zu heiraten. Zwar hatten die Nationalsozialisten die Unehelichkeit für salonfähig erklärt. »Lebensborn« hießen Einrichtungen, in denen sogenannter arischer Nachwuchs geradezu gezüchtet wurde. Unverheiratete Mütter wurden dort aufgenommen, ihre Kinder von der SS erzogen. Hauptsache, das Volk wuchs rasch.

Auch die klassische Familie sollte im nationalsozialistischen Staat vor allem für viele Kinder sorgen. Frauen und Männer wurden angehalten, möglichst früh zu heiraten. Die Frauen sollten danach nicht mehr arbeiten, sondern so viele Nachkommen wie möglich austragen, das galt als nationale Pflicht. Die Wurmbachs entsprachen in nichts den Idealvorstellungen der Nazis. Susanne arbeitete, und für weitere Kinder galt sie mit über vierzig Jahren sowieso als zu alt. Eine Familie zu flicken, die nur fast erwachsene Kinder zu bieten hatte, galt nach staatsideologischer Vorstellung in diesen Jahren nicht als große Tat, sondern bestenfalls als geduldete Suche nach privatem Glück. Und in den Köpfen der gewöhnlichen Leute geisterten sowieso noch die alten Moralvorstellungen.

Gleichwohl war für die Wurmbachs nun auch eine große Mietwohnung im bürgerlichen Berlin-Wilmersdorf in Aussicht. Wohnraum in Berlin war schwer zu finden. Zwar wurde wie wild gebaut in der Reichshauptstadt, aber keine Wohnhäuser: Fast jeder Sack Zement wurde für das größenwahnsinnige Projekt Germania gehortet, das Hitler und sein »Generalbauinspektor« Speer begonnen hatten.

Die Hochzeit wird im März 1939 in Berlin im kleinsten Kreis gefeiert. Der Bräutigam trägt Uniform, wie jeden Tag, die Braut ein schlichtes, dunkel schimmerndes Kleid. Muhme ist die eine Trauzeugin. Als zweiter Zeuge unterschreibt, mangels volljähriger Gäste, der Standesbeamte selbst. Vor dem Standesamt zeigt sich Max Otto genervt von aufdringlichen Stehgeigern und einem unbestellten Fotografen, der alles ohne zu fragen dokumentiert. Unwirsch blickt er auf seinem Hochzeitsbild – es wird das einzige Paarfoto von ihm und Susanne bleiben.

Es werden Kuchen und Bohnenkaffee serviert, bevor das Brautpaar für die Nacht in ein Hotel entschwindet. Barbara und ihre neue Stiefschwester Ingrid vertilgen am Abend gut gelaunt die Tortenreste und gehen ins Kino. Max Ottos jüngste Tochter, die inzwischen zehnjährige Erdmute, ist gar nicht eingeladen worden. Sie bekommt eine Hochzeitsbenachrichtigung ins Internat nach Westfalen gesandt mit einigen dürren Zeilen des Vaters an sein »liebes Hasi«.

Barbara findet das bis heute seltsam: »Dieses verklemmte Verhalten habe ich nie verstanden«, sagt sie. »Vielleicht fürchtete er, die Kleine könnte die neue Liebe als Betrug an ihrer Mutti werten.« Erdmute hatte nach dem frühen Tod der Mutter als Halbwaise bei etlichen Verwandten gelebt, bevor sie ins Internat geschickt worden war. Sie konnte sich an ihre Mutter kaum mehr erinnern. »Sie hat gar nicht verstanden, was das sollte mit der neuen Mutter.« Eine Lehrerin musste das Mädchen auffordern, den Eltern artig eine Gratulation zu schreiben.

Dann wurde die kleine Erdmute doch noch nach Berlin geholt und ins nächstgelegene Gymnasium umgeschult. Sie durfte ihre neue Mutter fortan »Mami« nennen, was sie auch brav tat. Ihre ältere Schwester Ingrid blieb bei der Anrede »Susanne«. Barbara verstand sich blendend mit ihren Stiefschwestern, doch ihre Mutter tat sich schwer mit den zwei fremden Mädchen. Von der kleinen Erdmute wurde die zurückhaltende Mami bedrängt mit Küsschen, Schmuse- und Schwatzattacken, wie die es von ihrer leiblichen Tochter nie gekannt hatte. »Meine Mutter sah sich mehr als Erziehende denn als Spielgefährtin und schickte, sofern es nicht regnete, die Kleine am liebsten auf die Straße.«

Die fast erwachsene Ingrid wiederum machte ihr Sorgen. Susanne glaubte regelrecht zu sehen, wie sehr eine Mutter während Ingrids ganzer Pubertät hindurch gefehlt hatte. »Sie war dick, nachlässig angezogen und roch schlecht«, sagt Barbara, die Ingrid wegen ihres Witzes und ihrer Schlagfertigkeit dennoch von Anbeginn gern hatte. »Sie war zwanzig, tat aber wie dreißig. Von den Freundinnen meiner Mutter wurde sie wegen ihrer seltsam altklugen Art nicht gemocht.«

Auch belagerten Ingrid und Erdmute umgehend ihren Vater, sobald er nach Hause kam. Susanne hatte in Anwesenheit der Töchter wenig von ihrem Ehemann.

Max Otto Wurmbach war beim Oberkommando der Wehrmacht schnell aufgestiegen, vom Major zum Oberstleutnant befördert worden. Im Krieg wurde er dann sogar Oberst im Reichsluftfahrtministerium, ein mächtiger Mann mit zwei Sekretärinnen und offenem Dienstmercedes samt Chauffeur. Er war zuständig für den Kontakt zu den sogenannten befreundeten Auslandsmächten, muss sich um Italiener, Rumänen und Japaner kümmern.

Susanne fiel es schwer, ihre öffentliche Rolle an seiner Seite zu spielen. Gesellschaftliche Auftritte hatte sie zuvor stets gemieden und niemals einen

Empfang oder gar einen Ball ausgerichtet. Welchen Anlass hätte es dazu auch gegeben für eine Unverheiratete mit vaterlosem Kind? Buffets mit kalten Platten eröffnen und bei einem Gläschen Moselsekt parlieren, das blieb Susanne eine Qual. Ihr lag es auch nicht, über den Krieg und die Politik zu sprechen. Sie mochte das Hitler-Regime nicht und konnte mit Militärtamtam wenig anfangen. Sie liebte wie ihr Mann alles Musische, vor allem das Lesen und Schreiben. Sie formulierte anrührende Briefe. Ihren Töchtern dichtete sie zu Ehrentagen liebevolle Verse von literarischer Qualität.

Barbara selbst lebte nach Kriegsbeginn nur für wenige Monate bei ihrer neuen Familie in Berlin. Probleme mit ihrem neuen Vater hatte sie keine. »Vati war uns allen gleich zugewandt.« Nur einmal, erinnert sich Barbara, habe sie sich im Ton vergriffen. »Da legte er den Arm um mich und sagte: ›Komm, Bärbelchen, so nicht!‹« Ihrem leiblichen Vater Willi überließ der Stiefvater das Feld, als der einmal zu Besuch kam. Er ging so lange spazieren. »Onkel Willi war voll freundlicher Dankbarkeit für Vati.«

Als ihr leiblicher Vater schließlich stirbt, erfährt sie es nur durch Zufall aus der Zeitung. Sie schneidet die Todesanzeige für ihre Mutter aus. »Sie hat das zur Kenntnis genommen«, sagt Barbara. Schwer getroffen hat es Mutter und Tochter nicht.

Vom »echten Familienleben« in Berlin aber berichtet Barbara Grüttner, als seien diese paar Wochen im Jahr 1940 die leichtesten und fröhlichsten in ihrem neunzigjährigen Leben gewesen. »Das war ein Erlebnis von Normalität und äußerem Ansehen, das ich sehr genossen habe.« Wenn sie im Gemüseladen gegenüber ehrfürchtig gegrüßt wurde als Tochter des Obersts, gefiel ihr das ebenso wie das Erlebnis, dass selbst die Zugehfrau, die im Haushalt half, nicht auseinanderhalten konnte, wer von den Mädchen nun von wem mit in die Ehe gebracht worden war. Als Max Otto sich zum Geburtstag »drei artige Töchter« wünschte, erwiderte sie zum Jubel ihrer Schwestern: »Au fein, dann wären wir ja zu sechst.«

Noch gut kann sie sich erinnern, wie die verliebten Eltern einander beim Essen die Bissen zuschoben und sich zuweilen ins Schlafzimmer zurückzogen. Und wie ihr Vati vor dem Weihnachtsbaum so schrecklich schräg »Stille Nacht, heilige Nacht« sang. »Für mich klang das wunderbar, denn es war die einzige Männerstimme.«

In Greifswald, wo Barbara ein Chemiestudium begann, gab es erstmals junge Männer in ihrem Freundeskreis. »Nun, wo ich einen Vater hatte und auch im Studium vorwiegend mit Männern zu tun bekam, verlor ich meine Scheu vor ihnen«, sagt sie. Sie verliebte sich in einen Kommilitonen von der Medizinischen Fakultät. »Den hätte ich gern geheiratet. Ich wollte so einen Mann und viele Kinder.«

Doch daraus wurde nichts. »Es blieb eine zarte, unerotische Liebe. Denn seinen Eltern schien er noch zu jung für die Ehe«, sagt Barbara. Sie sucht auf ihrem kleinen Schreibtisch eine Todesanzeige. Ihr Jugendfreund ist vor zwei Wochen gestorben – im Kreise der Familie, die er mit einer anderen Frau gegründet hatte. »Wir haben zeitlebens Kontakt gehalten.«

Im Herbst 1943 werden die Wurmbachs in Berlin ausgebombt; ein halbes Jahr später reicht Max Otto Wurmbach seinen Abschied bei der Wehrmacht ein und siedelt mit der Familie nach Greifswald über. Das Haus Am St. Georgsfeld, in dem Barbara ihr ganzes Leben verbracht hatte, wird nun ein »Eltern«-Haus. Anfang 1945 ziehen auch Erdmute und Ingrid dort ein. Das kleine Haus wird so eng, dass Barbara auf der Veranda schlafen muss. Doch sie sind alle beisammen.

Aber ein Schatten hat sich bereits über das Familienglück gelegt. Max Otto hat sich als Luftschutzwart bei heftigen Löschaktionen im brennenden Berlin verausgabt, sein schwaches Herz ist krank. Mit seinen achtundfünfzig Jahren liegt er monatelang im Luftwaffenlazarett von Greifswald. Als er wieder einigermaßen genesen ist, meldet er sich dennoch freiwillig zum Dienst zurück. Er wird umgehend zum stellvertretenden Stadtkommandanten ernannt.

Wenn Barbaras Kommilitonen zu Besuch kommen, löchern sie ihren Vater nun mit kritischen Fragen. Doch er schweigt sich in aller Freundlichkeit über die Politik und den Krieg aus. Anfang April 1945 befiehlt das Oberkommando der Wehrmacht, alle Städte müssten »bis zum Äußersten verteidigt werden«. Wer zuwiderhandele, »verliert Ehre und Leben«.

Barbaras Vater ist in der Pflicht, diesen Befehl umzusetzen. »Einige meiner Kommilitoninnen haben ihn gebeten, die Verteidigung abzusagen.« Der Vater weicht ihnen aus: Sicher werde alles gut. Tatsächlich plant er da bereits mit einer Handvoll Mitwissern den militärischen Ungehorsam.

Eines Abends, schon halb im Mantel, weiht er die Familie ein: »Wir fahren jetzt den Russen entgegen und bieten ihnen die kampflose Übergabe der Stadt an«, sagt er seiner Familie. Dann wagt sich Max Otto Wurmbach in der Nacht auf den 30. April ins Niemandsland hinter die Frontlinie. Der Mond leuchtet matt. Im Auto sitzen zwei weitere Verschwörer, die seine Kapitulationsvorschläge und eine weiße Fahne im Gepäck haben. Die vorrückende Rote Armee hat bereits in der Nachbarstadt Anklam ihr Quartier aufgeschlagen. Um zwei Uhr nachts bei Kerzenschein nimmt ein sowjetischer Divisionsstab Wurmbachs Angebot an, Greifswald kampflos zu übergeben. »Vati hatte die Bedingung gestellt, dass die Stadt und ihre Bewohner unversehrt bleiben«, sagt Barbara.

Draußen wird es schon hell, als Max Otto ein letztes Mal zu seiner Familie zurückkehrt. »Erzählt den Leuten, dass es vorbei ist«, sagt er erschöpft zu seiner

Frau und seinen drei Töchtern. Barbara radelt mit ihren zwei Schwestern durch den Morgen. Sie krakeelen durch die Straßen, so laut sie können: »Gebt die Waffen ab und hängt weiße Fahnen aus den Fenstern! Dann lassen die Russen uns in Ruhe!« Greifswald hat Frieden – neun Tage vor Kriegsende.

»Einen Tag war Vati noch bei uns, dann wurde er abends von ausgesucht höflichen russischen Offizieren abgeholt«, sagt Barbara. Sie ahnen, dass er nach Russland gebracht wird. »Wir hofften trotzdem jahrelang, er käme zurück.« Als sie vor lauter Hunger seinen guten Anzug gegen Essen tauschen, plagt sie das schlechte Gewissen. »Meine Mutter hat deswegen noch lange schlecht geträumt.«

Fünf Jahre später erhalten sie den Brief eines Russlandheimkehrers: Der herzkranke Max Otto Wurmbach hatte das harte Leben in russischer Gefangenschaft nur kurz überlebt. Er war bereits 1946 gestorben.

Barbara Grüttner nimmt den Brief mit der Todesnachricht, sie liest daraus vor, als habe sie ihn selbst geschrieben: »Sein sprühender Geist, seine weitspannende Welt- und Menschenkenntnis haben manche unserer Leidensgenossen die Trostlosigkeit des Gefangenendaseins vergessen lassen. Mir werden die in stiller Dämmerstunde mit ihm geführten Gespräche, die an die letzten Dinge rührten, unvergesslich bleiben.« Sie bricht ab und nickt.

Die Flickenfamilie zerreißt auch nach dem Tod des Vaters nicht, die Bande werden enger. Ihren Stiefschwestern steht Barbara zeitlebens nah. Für ihre Mutter Susanne werden die Stieftöchter zu überlebenswichtigen Stützen.

Einen Besuch bei ihrer jüngeren Stiefschwester Erdmute hat Barbara in besonderer Erinnerung. Da war sie bereits fast achtzig. »Am Bahnhof stellte mich Erdmute einer Bekannten vor mit den Worten: ›Das ist meine Schwester‹«, sagt Barbara. Die Bekannte Erdmutes hätte erstaunt geantwortet, sie sähen sich aber so gar nicht ähnlich. »Daraufhin hat meine Schwester nur geantwortet: ›Ach, finden Sie?‹, und einen schönen Tag gewünscht«, sagt Barbara. »Das hat mich glücklich gemacht.«

»DIE HÖLLE AUF ERDEN BRAUCH ICH NICHT NOCHMAL«

Stephanie S., 27, hat drei Töchter von zwei verschiedenen Vätern. Sie ist alleinerziehend und lebt von Hartz IV.
Von Eberhard Schade

»K-ääää-s-e-ku-chen!« Der Fotograf spricht es langsam, laut und deutlich vor. Und wartet auf das Echo, den kurzen Augenblick danach, in dem alle immer so glücklich aussehen. Auch Stephanie, Christian, Lisa, Lina und Yasmin. Selbst Tante Mandy, die auch mit aufs Foto darf, versucht ein Lächeln. Es ist der Abschluss einer einstündigen Einschulungsfeier in der Geistig- und Körperbehindertenschule am Mummesoll im Norden Berlins. Yasmin, die Hauptperson, ein zartes Mädchen mit komplexer Sprachentwicklungsstörung, steht Sekunden später noch genau so da, wie sie für das Foto posierte. In ihrem schneeweißen Tüllkleid mit rosa Schleife, die Zuckertüte fest vor die Brust gepresst. Und ganz nah bei Christian, ihrem Papa. Der ist mit seiner Freundin Mandy gekommen, mit der er seit zweieinhalb Jahren zusammenlebt, ohne Kinder. Mit seiner Ex, Stephanie, hat Christian zwei Töchter, die achtjährige Lisa und die sechsjährige Yasmin. Die dreijährige Lina auf Christians Schoß ist von einem anderen Mann.

Man kann die Menschen auf dem Foto Patchwork-Familie nennen, aber dieses Wort klingt harmloser als die Lebensrealität der Familie auf dem Foto tatsächlich ist. Es ist zu nett für die Geschichte einer jungen Frau, die zusammen mit ihren drei Kindern am Stadtrand von Berlin in einer Plattenbausiedlung wohnt. Alleinerziehend und mit Kindern, die Konzentrationsstörungen haben und in der Schule nicht mitkommen. »Eine typische Mutter, wie sie jeden Tag zu uns in die Arche kommt«, sagt Wolfgang Büscher, Sprecher des christlichen Kinder- und Jugendwerks in Hellersdorf. Und typisch für Familien wie diese ist auch, dass die Väter irgendwann weg sind.

Yasmins Vater ist heute da. Hat extra seine Nachtschicht in der Zigarettenfabrik abgesagt, damit er bei der Einschulung dabei sein kann. »Is' doch klar«, sagt er nur, und wenn er etwas sagt, dann schießt er seine Sätze nur so heraus. Kurze, stakkatohafte Salven. Als Kind hatte Christian ebenfalls eine Sprachentwicklungsstörung, er besuchte neun Jahre lang eine Lernbehindertenschule.

»In drei Jahren komm' ich auch zu deiner Einschulung«, verspricht er Lina. Auch, weil er sicher ist, dass ihr leiblicher Vater sich sowieso nicht blicken lässt. »Den hass' ich«, schießt Christian die nächste Salve ab, »ficken kann er, zahlen nicht.« Und grinst. Offenbar hat ihm sein Spruch gefallen. Die Rollen sind an diesem Vormittag klar verteilt. Als einziger Mann in der Runde übernimmt Christian die des Machers. Kaum ist das Einschulungsfoto im Kasten, drückt er Mandy die Autoschlüssel in die Hand und bedeutet ihr mit einer zackigen Kopfbewegung Richtung Parkplatz: Fahr los, hol Oma. Mandy macht sich auf den Weg. Der Einzige, der es nicht pünktlich zur Einschulung von Yasmin geschafft hat, ist Holger, Stephanies neuer Freund. Er hat verschlafen.

Acht Tage vor der Einschulung laufen die Vorbereitungen bereits auf Hochtouren. Im Flur der Dreizimmer-Plattenbauwohnung in Hellersdorf-Mitte stehen vier große Sperrmüllsäcke, die noch entsorgt werden müssen. In dem fünfzehn Quadratmeter großen Wohnzimmer türmt sich die Wäsche von einer Woche auf einem Glastisch. Auf einem Bügel an der Schrankwand hängt schon das weiße Tüllkleid mit der rosa Schleife, aus dem Bad riecht es muffig. »Die Waschmaschine leckt«, sagt Stephanie, »ausgerechnet jetzt.« Und hofft, dass ihr da noch jemand hilft. Christian ruft sie wegen solcher Kleinigkeiten schon lange nicht mehr an. Lieber schreibt sie eine Rundmail an ihre sechsundsiebzig Freunde im sozialen Netzwerk Jappy, für Stephanie so etwas wie ihre virtuelle Patchwork-Familie.

Noch sind Sommerferien. Das heißt für Stephanie: Lisa und Yasmin sind den ganzen Tag zu Hause. In den Ferien bietet nur Linas Kindertagesstätte eine Betreuung an. Dort hat sie ihre jüngste Tochter heute bereits um 7.30 Uhr abgegeben und Lisa zu einer Nachbarin geschickt. Zwischen den Wäschehaufen sucht sie nun noch schnell ihre Anti-Baby-Pille, dann möchte sie los, mit Yasmin Schuhe kaufen für die Einschulung.

Das Geld dafür bekommt Stephanie über einen Umweg. Sie muss erst zu einer Freundin, die einen Scheck für sie aufbewahrt, und mit diesem dann zur Bank. »Ist besser so«, sagt sie nur, »sicherer«. Stephanie lebt von Hartz IV, dazu bekommt sie Kindergeld und Unterhalt vom Staat, weil Linas Vater die Unterstützung verweigert. Mit ihren drei Kindern versucht sie mit nur 450 Euro im Monat auszukommen, Lebensmittel, Kleidung und Schulsachen inklusive. Der Rest geht für Miete, Rechnungen, vor allem aber für die Tilgung ihrer Schulden drauf. Die sind immens: 31 475,66 Euro.

»Ich war dumm«, sagt Stephanie, »habe auch nie gelernt, mit Geld umzugehen, bei uns zu Hause gab es kein Taschengeld.« Acht Jahre lang bezahlt sie einfach keine Rechnungen und gibt Geld aus, das sie nicht hat. Für Handy- und Festnetzverträge, Premiere-Abos, Vorwerkstaubsauger – das ganze Programm. »Auf einmal hatte ich ein paar Tausend Euro Schulden«, sagt sie.

Hätte sie heute einen Wunsch frei, sie würde die Zeit zurückdrehen. »Dann hätte ich mit achtzehn die Schule zu Ende gemacht, mir Arbeit gesucht, vielleicht erst dann Kinder bekommen«, erzählt sie. Heute ist Stephanie siebenundzwanzig und sitzt mit drei Kindern allein und ohne Arbeit zu Hause. Gefangen in der Armutsfalle.

In Deutschland leben etwa 650 000 Alleinerziehende von Hartz IV, mit 36 Prozent liegt ihr Armutsrisiko fast doppelt so hoch wie das in Paarhaushalten. Wolfgang Büscher von der Arche spricht von vergessenen Familien und Kindern in Deutschland und beobachtet vor allem bei Eltern bildungsferner Familien, dass sie zusehends verwahrlosen. »Sie stehen morgens nicht mehr auf, ziehen sich irgendwann nicht mehr richtig an, ernähren sich schlecht. Wenn sie dann noch Schulden haben, dann wissen sie selbst, dass sie da kaum noch rauskommen.«

Stephanie will aber da raus und hat ihr Leben nach zwei gescheiterten Beziehungen radikal geändert. Sie hat es zum ersten Mal grob strukturiert. Fünf Mal in der Woche geht sie heute mit ihren Kindern in die Arche zum Mittagessen. Und wenn sie möchte, werden ihre Kinder dort auch nachmittags betreut. Auf die Idee brachte sie eine Mitarbeiterin des Jugendamts, die sie zwei Jahre lang coachte. Sie half der Hartz-IV-Mutter auch beim Umzug in die unmittelbare Nachbarschaft der Arche, begleitete sie bei der Trennung von Christian und riet ihr zu einer Schuldnerberaterin.

Stephanie hat jetzt ihren Scheck, geht schräg über

die Straße, vorbei an einem Schlachter, der mit billigem Frischfleisch wirbt. Das Kilo Gulasch für drei Euro neunzig oder vier Schnitzel für vier Euro neunzig statt sechs Euro neunzig. »Kommt für mich nicht in Frage«, sagt sie und wird später sechs Koteletts um die Ecke bei Norma für drei Euro kaufen, dazu Klöße aus der Packung. Für die eine warme Mahlzeit am Wochenende. Die Preise im Supermarkt hat Stephanie fast alle exakt im Kopf, kalkuliert genau fünfzig Euro für den Großeinkauf jeden Freitag. »Ich habe vier Briefumschläge bei meiner Freundin, da sind für jede Woche fünfzig Euro drin.« Bleibt was übrig, nimmt sie es mit in die nächste Woche. Mit Yasmin an der Hand bummelt sie vorbei an einem Spätkauf und einem Casino weiter zur Filiale der Sparkasse. Als sie wenig später vom Schalter zurückkehrt, lächelt sie. Sie hat 455 Euro auf dem Konto. Ein gutes Gefühl.

Doch Stephanie will mehr, sie will bald ihr eigenes Geld verdienen. »Endlich raus aus der Lethargie«, sagt sie, raus aus Hartz IV. Deshalb hat sie eine Schulung zur Pflegehelferin gemacht und würde am liebsten sechs Stunden als mobile Pflegekraft arbeiten. »Acht Stunden«, sagt sie, »schaff' ich nicht.« Allein, und bei der Aufmerksamkeit, die ihre Kinder brauchen. Die Mittlere, Yasmin, spricht sehr schlecht, die Älteste hat ADHS, also starke Aufmerksamkeitsstörungen. »Wenn ich acht Stunden am Tag weg bin«, sagt Stephanie, »dann wird mir wieder alles zuviel, ich hab die Hölle auf Erden, das Jugendamt am Arsch. Nein, das brauch ich nicht noch mal.«

Im Juli 2008 hat Stephanie einen Nervenzusammenbruch. Auslöser ist eine blöde Bemerkung von Maik, dem Vater ihrer jüngsten Tochter. Stephanie flippt völlig aus, schreit eine Dreiviertelstunde lang ihre Kinder an. »Ich bin eine Rabenmutter, eine Scheiß-Mutter, sucht euch eine neue.« Lisa, Yasmin und Lina sitzen völlig verstört in ihrem Zimmer. Bis Stephanie selbst den Kindernotdienst ruft. Es folgen zwei Monate in einer Tagesklinik. Gruppengespräche, Einzelgespräche, Ergotherapie, progressive Muskelentspannung. Ihre Kinder sind in dieser Zeit in der Kurzzeitpflege, Mutter und Töchter sehen sich nur am Wochenende. »Lisa und Yasmin haben sehr unter der Trennung gelitten«, sagt Stephanie, »sehr viel geweint.«

Zu ihrem Vater möchte Stephanie die beiden aber nicht bringen. »Der war damals viel zu labil«, sagt sie, »hätte das nie gepackt.«

Rückblickend glaubt Stephanie, dass der Klinikaufenthalt – wenn auch schwierig für die Kinder – das Beste war, was ihr passieren konnte. »Ich habe dort mein Seelenleben ausgemistet, alles über Bord geworfen, was ich nicht brauche.« Dazu gehört auch Maik. Die Beziehung mit ihm dauert nur vier Monate, dann ist er weg, schwängert Stephanies Freundin und lässt auch sie sitzen. Als Stephanie das erzählt, zuckt sie nur mit den Schultern. »Ich kenne nur ganz wenige Familien, in denen sich Vater und Mutter zusammen um die Kinder kümmern«, sagt sie. Deshalb ist es für sie auch ganz normal, dass die meisten Kinder in ihrem Umfeld ihre Väter nicht kennen und zu jedem Mann, der zu Besuch kommt, nach kurzer Zeit schon Papa sagen.

Und was, wenn Lina heute nach ihrem richtigen Papa fragt? »Dann sage ich, dein Papa hat keine Zeit, der muss arbeiten. Dass er ein Arsch ist«, fügt sie bitter hinzu, »soll sie selber herausfinden, mit sechzehn oder siebzehn.«

Mit achtzig Euro für Yasmins Schuhe und den Großeinkauf im Supermarkt gehen Mutter und Tochter weiter in den riesigen Kaufpark am anderen Ende der Straße, in die wunderbare Warenwelt der vierzigtausend versprochenen Billigpreise. Drinnen ist Yasmin nicht mehr zu halten und will alles. Stifte, Hello-Kitty-Hausschuhe, am liebsten noch eine Zuckertüte. »Früher hätte ich sie den Wagen einfach vollpacken lassen«, erzählt Stephanie. »Das war einfach, bequem, und ich hatte kein nörgelndes Kind.« Heute aber bleibt sie hart. »Leg das zurück, wir sind hier, um Schuhe für Yasmin zu kaufen«, sagt sie ihrer Tochter, mal leise, mal lauter. Nach einer guten Stunde ist das Ziel erreicht. Yasmin bekommt ein paar schwarze Ballerinas für zwölf Euro neunzig das Paar, mit extra Innensohle aus Leder.

Die Kosten für Yasmins Einschulung teilen sich alle. Stephanies Mutter hat ihr die sechzig Euro für die Schulmappe gegeben, Oma Eva Kleid, Frisör und Schuhe übernommen. Und Christian, ihr Ex, will später die Bücher bezahlen. »Das macht der auch«, sagt Stephanie. Und er, ganz Macher, sagt: »Kümmer' mich halt um die großen Sachen, weil Stephanie sich nicht soviel leisten kann.« Dabei hat auch er kaum Geld, verdient als Leiharbeiter in der Zigarettenfabrik etwas über sechs Euro die Stunde. Seine Freundin Mandy ist arbeitslos. Beide leben zusammen mit zwei Katzen in einer vierundvierzig Quadratmeter großen Einraumwohnung in Berlin-Weißensee. Darin steht ein großes, ungemachtes Bett, an dessen Fußende ein Bildschirm klemmt. Vor dem Fenster stehen eine Couch, eine große blaue Müll-tüte mit leeren Colaflaschen und noch ein Fernseher, der fast so breit ist wie das Bett. Für den haben beide einen Fünfhundert-Euro-Kredit auf den Kopf ge-hauen. Ursprünglich war das Geld für eine Wasch-maschine gedacht. Mandy räumt noch schnell eine Flasche Bier vom Tisch, sinkt dann mit ihren über hundert Kilo auf das Bett zu den Katzen. Christian sitzt auf dem Sofa, raucht eine Zigarette nach der an-deren. Das Thema Geld ist auch hier allgegenwärtig.

Bei der Einschulungsfeier von Yasmin kommt es deswegen zum Streit. Als Christian vollmundig an-kündigt, er wolle auch Lina etwas zu ihrer Einschulung kaufen, regt sich Mandy furchtbar auf. Heute, eine Woche später, lenkt sie ein. »Bevor das Kind gar keine Vaterfigur hat«, sagt sie, »sehe ich ein, dass er sich mit drum kümmert.« »Kinder gehen vor«, schließt Christian die Diskussion ab, »das muss sie schlucken.« Der Dreißigjährige ist fest davon überzeugt, als Vater alles richtig zu machen. »Wenn die Kinder da sind, toben wir rum, spielen am Computer oder gucken Fernsehen. Wie in einer ganz normalen Familie«, sagt Christian. Auch dürften die Kinder bei ihm so lange fernsehen, bis sie einschlafen. Tierpark oder Schwimmbad, so was ist nur selten drin. Je länger man mit Christian spricht, desto größer ist die Chance, dass er die Rolle des Machers, des starken Mannes, mal ablegt und weichere Töne anschlägt, und wenn auch nur für einen Moment. Ja, manchmal vermisse er seine Töchter schon, gibt er dann zu, und dass er Stephanie, sobald er eine feste Stelle bekommt, seinen Schichtplan geben will, damit beide besser planen können.

Dann aber ist er schnell wieder ganz Macho. Zum Beispiel, wenn es um feste Zeiten mit den Kindern geht. »Ich lass mir doch nicht vorschreiben, wann ich meine Kinder sehen darf«, sagt er, »das ist doch Scheiße! Wenn ich frei habe, rufe ich Stephanie an, hole die Kinder, und alles ist schick.«

Das findet Stephanie im ersten Jahr nach ihrer Trennung gar nicht. Denn da meldet sich Christian oft spontan, will die Kinder sofort sehen oder gar nicht. Es kommt zum Streit.

»Mittlerweile aber läuft es besser«, sagt er, und auch sie sagt: »Wir haben uns arrangiert.« Auch wenn sie dabei den Kürzeren zieht. Denn Christian holt Lisa und Yasmin viel seltener als früher zu sich, in den großen Ferien waren beide genau ein Mal bei ihm.

Über die Gründe der Trennung von Stephanie möchte ihr Ex nicht sprechen. »Das ist privat, geht niemanden etwas an«, sagt er und zündet sich eine neue Zigarette an. Auslöser ihrer vielen Streitereien sind meist die Kinder, Fragen der Erziehung. »Banale Dinge«, sagt Stephanie, »zum Beispiel, ob die Kinder nur im Kinderzimmer oder auch im Wohnzimmer spielen sollten.« Christian findet Stephanies Erziehungsstil zu lasch, sie seinen viel zu streng. Dazu kommt Christians fast schon krankhafte Eifersucht.

Wolfgang Büscher kennt viele Beziehungen mit extrem harten, auch körperlichen Auseinandersetzungen. »Die Verwahrlosung«, sagt er, »macht vor diesem Bereich nicht halt.« Besonders schlimm aber ist, dass die Eltern es nicht schafften, ihre Kinder da rauszuhalten. »Sie bekommen alles ungefiltert mit.« Die meisten Frauen und Männer aus bildungsfernen Familien hätten ganz einfach nicht die Disziplin, in einer Beziehung älter zu werden. Kaum ist der erste Konflikt da, so Büscher, geht die Beziehung auseinander. Und am Ende sitzen die Frauen allein mit

Kind da, oder sie sind schwanger. Und in der Regel sind sie sehr jung.

Wie Stephanie. Sie ist damals neunzehn, hat die Schule und diverse Fortbildungsmaßnahmen hingeschmissen, als sie zum zweiten Mal schwanger wird. Christian ist einundzwanzig, zweimal durch die Abschlussprüfung auf dem Bau gerasselt und ebenfalls ohne Arbeit und echte Perspektive. Denkbar ungünstige Voraussetzungen für eine Familiengründung und Kinderglück. Acht Monate später ist dann endgültig Schluss. Stephanie, im neunten Monat schwanger, geht drei Wochen lang ins Frauenhaus und stellt Christian ein Ultimatum. »Ich hab ihm gesagt, entweder du gehst oder ich klage dich aus meiner Wohnung«, erzählt sie. Daraufhin zieht er aus.

Für den nach außen starken Mann bricht plötzlich eine Welt zusammen. Tagelang sitzt er allein in seiner Wohnung, zieht die Vorhänge zu, schaltet das Handy aus, will mit nichts und niemandem zu tun haben. Bis er über eine Partnerbörse im Internet Mandy kennenlernt. Dass Christian bereits mit einer anderen Frau zwei Kinder hat, stört Mandy nicht, auch wenn sie es ihren Eltern anfangs verheimlicht. Heute, zweieinhalb Jahre später, fügen sich ihre Eltern ohne Probleme in das Familienflickwerk von Christian ein, sind so etwas wie Ersatz-Großeltern. »Im Sommer«, erzählt er, »nehme ich Lisa und Yasmin schon mal mit zu ihnen in den Garten.«

Stephanie sei da ganz entspannt, und das stimmt. Auch wenn sie sie gar nicht kennt, ist sie Mandys Eltern richtig dankbar. »Die haben meinen Mäusen neulich erst Unterwäsche und Schuhe geschenkt, ist das nicht der Hammer?«

Stephanie versteht sich auch gut mit Mandy und hat sogar mit Christian ihren Frieden gemacht. Das heißt konkret, dass sie so gut wie nichts von ihm erwartet und fast alles allein wuppt. Vormittags Einkaufen, Waschen, zu Ämtern und Ärzten rennen, um zum Beispiel wie in den letzten Wochen darum zu kämpfen, dass Yasmin auf die Geistig- und Körperbehindertenschule kommt. Immer allein, ohne Austausch, ohne Partner. Unterstützt nur durch die Mitarbeiter der Arche und ihr loses Netzwerk an Freunden, ihren flickenteppichartigen Familienersatz. Nachmittags dann weiter, mit den Kindern zur Ergotherapie und zur Logopädin. Kein Wunder, dass da am Abend die Nerven der alleinerziehenden Mutter manchmal blank liegen.

So wie am Vorabend der Einschulung. Noch immer stehen zwei Säcke voll Sperrmüll im Flur, noch immer türmen sich die Wäschehaufen im Wohnzimmer. Stephanie sitzt mit Lisa und Lina auf der riesigen Couch in ihrem Wohnzimmer, flicht beiden Zöpfe. Yasmin guckt einen Tierfilm. Es ist warm und stickig in der Wohnung, die Kinder sind zappelig, aufgekratzt und laut. Stephanie schwitzt, ist gereizt. Sie schimpft mit

Lisa, weil sie nicht stillsitzen will. Und mit Lina, weil sie ihren Schlafanzug nicht anzieht.

Viel später als geplant liegt Lina schließlich im Bett. Gerade als Stephanie ihr eine Geschichte vorlesen will, platzt Lisa herein, will etwas trinken. Und Stephanie wird wieder laut. Droht ihr damit, sie morgen nicht mit zur Einschulung zu nehmen und mit einem Anruf bei Christian, wenn sie nicht sofort das Zimmer verlässt.

Wenig später platzt Yasmin ins Zimmer. Der Tierfilm ist vorbei. »Dann mach ihn halt noch mal an«, brüllt Stephanie jetzt und sucht aus einem dicken Vorleseband wahllos ein Märchen für Lina heraus. In der Geschichte wird gekämpft, gepeitscht, erdrosselt. Die Sprache ist so sperrig, dass Stephanie beim Lesen stockt. Lina ist das offenbar egal. Sie hängt an den Lippen ihrer Mutter, singt zusammen mit ihr noch Guten Abend, gute Nacht. Kurz darauf ist sie eingeschlafen. Mit Yasmin und Lisa dagegen kämpft Stephanie an diesem Abend noch lange. Ihr Plan, jeden Abend jedem Kind eine halbe Stunde ihre volle Aufmerksamkeit und Liebe zu schenken – heute geht er gar nicht auf.

Am nächsten Morgen ist Stephanie wie ausgewechselt. Sie hat einen Hauch Lidschatten aufgetragen, ansonsten trägt sie wie fast immer schwarz, weil sie das ein bisschen schlanker macht. Während der gesamten Einschulungsfeier sitzt mindestens eine ihrer Töchter auf ihrem Schoß. Stephanie lacht, wippt und klatscht mit, als die Kinder der zweiten Klasse singen: »Das sieht man uns nicht an, dass ein jeder von uns malen, singen, laufen und springen kann.«

Später dann, beim Burger-King um die Ecke, steigt Stephanies Laune noch. Ihr Freund Holger ist endlich gekommen. Beide umarmen, küssen sich. Die Situation ist ein wenig pikant, Stephanies neuer Freund trifft heute zum ersten Mal auf den Vater ihrer beiden großen Töchter. Holger und Christian gehen damit unverkrampft, pragmatisch um. Vielleicht auch, weil sie sich von früher kennen, aus einer Zeit, in der sie zusammen um die Häuser gezogen sind. Sie sprechen über ihre Arbeit in der Zigarettenfabrik und an der Eisenfräse, über echte Männerthemen. Stephanie kümmert sich unterdessen um die Kinder und um die Bestellungen.

Nur einmal, als Holger Lisa etwas grob anfasst, wirkt Christian plötzlich angespannt. »Früher hätte ich ihm dafür gleich eine reingehauen«, sagt er später. Jetzt aber, findet er, müsse Stephanie das regeln, sie sei schließlich die Mutter. Stephanie grinst nur, als sie das hört. Sie hat an den heutigen Tag, was die Männer angeht, überhaupt keine Erwartungen. Nicht an Christian, den Vater ihrer beiden größeren Töchter. Und auch nicht an Holger, mit dem sie erst seit gut sechs Wochen eine eher lockere Beziehung führt. »Ich weiß, die Männer werden den ganzen Tag im

Mittelpunkt stehen«, sagt sie, »weil sie so selten da sind«. Damit hat sie aber gar kein Problem. Sie will das Zusammentreffen für ein paar Stunden heute einfach nur genießen. Diese Idylle einer großen intakten Familie, die sie in Wahrheit nicht hat und wohl nie haben wird.

Ein bisschen tut sie es da ihrer Tochter gleich. Yasmin, die noch vor einer Stunde beim Einschulungsfoto einfach stehen blieb, als der Fotograf längst ausgelöst hatte. Weil sie nicht wollte, dass der kurze Augenblick, in dem alle immer so glücklich aussehen, vorbeigeht.

»AUCH FÜR DEN EX GIBT ES NOCH EIN ZIMMER IM SCHLOSS«

Stephanie Gräfin Bruges von Pfuel war dreimal verheiratet und hat sechs Kinder. Den Glauben an Liebe und Partnerschaft hat sie dennoch nie aufgegeben. *Von Sandra Kegel*

Ein kleines Dorf in Oberbayern. Vom ovalförmigen Marktplatz, den pastellfarbene Häuschen mit spitzen Giebeldächern säumen, führt ein Weg über die alte Brücke zur Schlossmauer. Tritt man durch das Tor, öffnet sich ein weitläufiger Park, an dessen linker Seite sich wie eine Insel im Strom der Zeit ein Märchenschloss mit vier Zwiebeltürmen erhebt. Bewohnt wird es von einer Familie, die sich ständig neu erfindet. Weil es für sie keine Modelle gibt, keine Konventionen und keine Rollen, an denen sich die Familienmitglieder orientieren könnten, schaffen sie sich ihre eigene, ganz besondere Welt. Schon das Klingelschild am rotweißen Portal wäre eigentlich eine Herausforderung, müssten dort doch vier Nachnamen stehen. Aber es steht einfach nur »Klingel« da.

Eigentlich sei sie ein altmodischer Mensch, sagt das Familienoberhaupt, Stephanie Gräfin Bruges von Pfuel. »Und wissen Sie was? Wenn ich von einer Frau hören würde, dass sie dreimal verheiratet war und von verschiedenen Männern sechs Kinder hat, dann würde ich denken: Was ist das denn für eine männermordende, spinnerte Pflanze.« Sie sagt es in schönstem Bayerisch und lacht ihr ansteckendes Lachen, das laut durch den Arkadenhof hallt. Es ist ein sonniger Nachmittag, und die Gräfin sitzt in kurzer Lederhose und T-Shirt in einer der Loggien im ersten Stock ihres Renaissanceschlosses, wo hinter schlanken, toskanischen Säulen gemütliche Sitzecken zum Verweilen einladen. Die ihr scheinbar so suspekte Fremde mit den vielen Kindern und Scheidungen ist freilich niemand anderer als sie selbst. Die kleine Anekdote verrät viel über Wesenszüge der Fünfzigjährigen, die ihr über manche Hürde im Leben hinweggeholfen haben: sich aus der Distanz betrachten und über sich selbst lachen zu können.

So sehr ihre Biographie auf der äußeren Ebene von Trennungen, also von Streit, Problemen und Kummer erzählt, so wenig hat das Stephanie von Pfuel verhärten lassen. Sie hat Witz, sie ist tatkräftig und willensstark, und sie mischt scheinbar Unvereinbares zu einem fröhlichen Stilmix. Das kann man nicht nur an der Einrichtung ihres Schlosses studieren, in dem zwischen alte Erker moderne Kunst drängt, riesige rote Herzen und eine Lederfaust als Sessel ebenso Platz finden wie Fotografien von Elliot Erwitt und in dem zwischen Hunderten privater Postkarten ein Ölbild der Tochter an der Wand hängt. Auch sonst scheut die Gräfin die Extreme nicht. Die Frau mit den blauen Augen und der kecken Kurzhaarfrisur wollte immer schon viele Kinder bekommen, »am liebsten eine ganze Fußballmannschaft«. Mit sechzehn begrub sie ihren Lebenstraum, Medizin zu studieren und Hirnforscherin zu werden, um sich stattdessen in die harte Schule ihres Vaters zu begeben, der ihr Schloss und Gut nur unter der Bedingung vererben wollte, dass sie den Beruf des Försters von der Pike auf lerne. Ihre Ehemänner mussten nach den Scheidungen die Tüßlinger Traumkulisse wieder verlassen. Die Kinder aber waren immer die Konstante in ihrem Leben. Die hätte sie niemals hergegeben.

»Mein Vater hätte das, was ich heute mache, nicht geschätzt«, sagt sie. »Man steht nicht im Mittelpunkt, man spricht nicht über Geld, man bleibt unter sich, und man erscheint nicht in den Medien.« Die Gräfin redet über Geld, sie denkt nicht daran, sich hinter hohen Mauern einzukasteln, und sie sagt, was sie denkt. Deshalb hat die Gemeinde Markt Tüßling sie unlängst zur Zweiten Bürgermeisterin gewählt. Offen spricht sie darüber, wie sie vor zwanzig Jahren als junge Mutter aus den Ruinen des verfallenen Anwesens ohne jede Hilfe ein strahlend weißes Kleinod gemacht hat. Und genauso freimütig gibt sie Auskunft darüber, wie sie aus den Trümmern ihrer gescheiterten Beziehungen immer wieder für sich und die Kinder ein neues Leben zimmerte.

Zum Anwesen gehören Hunde, Pferde und Fledermäuse, außerdem zwei Haushälterinnen, eine Bürokraft, ein Koch, eine Pferdemeisterin und zwei deutsch-polnische Handwerker. Die meisten Spuren im gräflichen Haushalt hinterlassen jedoch die Kinder. Sie verwandeln das Neunzig-Zimmer-Schloss in eine riesige Spielwiese. In der hauseigenen, mit Barockaltar ausgestatteten Kapelle sind die Mountainbikes abgestellt. Durch den barocken Prunksaal ist ein Federballnetz gespannt. Als Halter für die Stangen dienen zwei mit Sand gefüllte Vasen. Im Sommer wird der Springbrunnen im Park zum Familienbad umgewidmet. Das Schloss mit dem korallenroten Dach ist in erster Linie das Zuhause einer großen Familie.

Um besser zu verstehen, wie dieser Familienkosmos funktioniert, muss man Stephanie von Pfuel aus der Nähe erleben. Ihr öffentliches Bild ist untrennbar mit jener Frau verbunden, die vor ein paar Jahren im Auftrag einer großen Hamburger Kaffeerösterei lächelnd durch ihr Schloss tanzte, umgeben von einer Schar Kinder. Die Kinder waren nicht ihre eigenen – die hält sie von der Öffentlichkeit fern. Und der Frau im Fernsehwerbespot war auch nicht anzusehen, dass in dem roten Ballkleid nicht zuletzt eine diplomierte Forstingenieurin steckte, der man im wirklichen Leben eher auf dem Traktor begegnet als beim Kaffeeklatsch. Denn Stephanie von Pfuel besitzt nicht nur das 1583 erbaute, neunzig Kilometer östlich von München gelegene Anwesen, das sie gelegentlich vermietet, etwa für die Hochzeit von Oliver Bierhoff oder für ein Konzert von Joe Cocker. Hauptsächlich kümmert sie sich, wie zuvor ihr Vater, um den tausend Hektar großen Wald. Über Bäume weiß sie fast alles, scheint jeden in ihrem Forst persönlich zu kennen, und wenn sie über die schwachen und die stabilen Gewächse spricht, glaubt man, so etwas wie eine Weltanschauung herauszuhören. An der Seite eines so robusten Charakters sein Leben zu verbringen, ist nicht leicht. Partner müssen sich arrangieren, dürfen jedenfalls nicht die Herrschaft für sich beanspruchen. So sehr Stephanie von Pfuel über ihre und die ihr anvertrauten Kinder schützend die Arme ausbreitet, ihr Jüngster, Alex, ist neun, die Älteste zweiundzwanzig und studiert in der Schweiz, so kompromisslos zeigt sie sich in ihren Beziehungen. Sie weiß, dass sie als ökonomisch unabhängige Frau privilegiert ist. So frei und selbstbestimmt wie sie zu leben, ist bis heute ein Luxus. Nicht nur in dieser Hinsicht hat die 1,86 Meter große Frau wohl manch einer unterschätzt.

Den ersten Ehemann, Benedikt Graf von Batthyány, den sie im Alter von zweiundzwanzig Jahren auf Schloss Tüßling heiratet, lernt sie auf der Universität für Bodenkultur in Wien kennen, an der sie als einzige Frau unter neunundneunzig Männern Forstwissenschaft studiert. Nach einigen Jahren zerbricht die

Ehe kinderlos. Stephanie von Pfuel beendet die Universität, jobbt beim Film in München und lernt ihren zweiten Mann, den Kaufmann Bernd-Harald Bagusat, kennen. Mit ihm bekommt sie vier Kinder. Er hat bereits einen Sohn aus erster Ehe, der an den Wochenenden und in den Ferien dazukommt. Zunächst lebt die Familie in der Nähe von Starnberg, wo sie als Försterin bei ihrem Vater angestellt ist. Nach dem Tod des Vaters im Oktober 1991 zieht die Familie ins Schloss. 1998 geht auch diese Ehe in die Brüche. Mit Ehemann Nummer drei, Christian Graf Bruges von Pfuel, bekommt sie zwei weitere Kinder. Er selbst hat eine Tochter aus erster Ehe, die bei der Mutter in München wohnt, aber manchmal am Wochenende und in den Ferien nach Tüßling aufs Land kommt. Stephanie von Pfuel lebt mit sieben Kindern in einer Patchwork-Konstellation. Mit ihrer dritten Scheidung 2006 entspricht die Gräfin der Statistik, denn mehr als die Hälfe aller Patchwork-Ehen gehen wieder in die Brüche. Einige Zeit lebt sie als alleinerziehende Mutter mit den Kindern im Schloss. Dann gehen die größeren Kinder nach England zur Schule. Heute studieren sie in aller Welt. Die Kleinen sind noch bei der Mutter. Und Stephanie von Pfuel ist seit sechs Jahren wieder liiert, mit dem Düsseldorfer Verleger Hendrik teNeues. Auch er hat einen Sohn, der hin und wieder nach Oberbayern kommt. Er wuchs als Einzelkind in New York bei seiner Mutter auf und »fand es toll, eine ganze Bande Jugendlicher als Geschwister zu bekommen«, erzählt die Gräfin. Ans Heiraten denkt sie nicht mehr.

Alle Patchwork-Familien leben mit der Hypothek eines Verlusts. Das macht sie so zerbrechlich. Es tun sich Menschen zusammen, von denen mindestens einer schon einmal gescheitert ist. Diese Last tragen alle in der neuen Familie mit sich herum. Es lauern Loyalitätskonflikte und Enttäuschungen, und fast immer gibt es jemanden, der fürchtet, zu wenig abzubekommen – an Liebe, Verständnis, Aufmerksamkeit. All das kommt auch in klassischen Familien vor. Aber unter Wahlverwandten ist es ungleich schwieriger, so ein fragiles Gefüge stabil zu halten. Deshalb ist das Bild vom amerikanischen Flickenteppich, der dem Modell den Namen gab, so stimmig: Aus Resten entsteht etwas Neues, bestenfalls eine wärmende Decke. Geht es aber schief, brechen die alten Nähte wieder auf.

Dem wirren Geflecht aus Bedürfnissen und Ansprüchen begegnet Stephanie von Pfuel mit Energie, Enthusiasmus und Lebenslust. Sie ist zwar eine Frau, die sich immer wieder trennt, ein Mensch, der vor harten Entscheidungen nicht zurückschreckt. Wäre sie anders, harmoniebedürftiger, hätte sie sich nicht so oft gegen Konventionen und Widerstände durchsetzen können. Zugleich aber hat sie nie aufgehört, an das Leben zu glauben, und ist das Wagnis einer neuen Liebe immer wieder eingegangen. Mehr als einmal hat sie sich eine blutige Nase geholt. »Scheidungen sind immer furchtbar, egal, wie gut man sich noch versteht«, sagt sie. Aber sie ist nicht der Typ für Kompromisse. Und gejammert wird nicht. Das wurde ihr im strengen Elternhaus ausgetrieben.

Den Rosenkrieg mit dem Vater ihrer vier Kinder deutet sie deshalb auch nur an, all die zermürbenden Machtkämpfe, unterschwelligen Streitigkeiten und offenen Kräche, die eine Scheidung mit sich bringen kann. Ihre vier älteren Kinder führten über Jahre eine typische Patchwork-Kinderexistenz. Jedes zweite Wochenende und die Hälfte aller Ferien verbrachten sie beim Vater in München. Die Übergabe der Kinder fand stets an der alten Schlossbrücke statt. Auch Weihnachten wurde jedes Jahr abgewechselt. Für Stephanie von Pfuel war das wie für viele Patchwork-Eltern der schlimmste Moment: wenn die vier am Heiligen Abend nicht bei ihr waren.

Vielleicht empfanden die Geschiedenen ihre Situation des Sich-arrangieren-Müssens deshalb als so unerträglich, weil zuvor beide zum ersten Mal eine Familie gegründet hatten. Mit Christian Graf Bruges von Pfuel, mit dem sie zum dritten Mal eine Familie gründete, erlebte Stephanie von Pfuel die Patchwork-Situation jedenfalls deutlich entspannter. Das liegt auch daran, dass der Graf das Leben mit vielen Kindern, egal ob den eigenen oder fremden, so sehr liebt. Und von Beginn an hat sich der Nachfahre eines alten brandenburgischen Geschlechts, das in den »Wanderungen« Theodor Fontanes gleich mehrfach Erwähnung findet, instinktiv richtig verhalten. Er ging auf die Kinder zu, ohne etwas erzwingen zu wollen, er nahm sich Zeit für sie und erwartete keine Gegenleistung.

Inzwischen gibt es ja eine ganze Armee von Familientherapeuten, die sich auf diese Form der Familie spezialisiert haben. Auch wenn jede Patchwork-Konstellation anders funktioniert, so gilt für alle: Kaum etwas hinterlässt mehr Wunden in den kleinen Seelen als permanenter Ärger zwischen den Erwachsenen. Die Eltern und ihre alten und neuen Partner müssen lernen, ihre eigenen Bedürfnisse zurückzustellen und im Sinne des Kindes zu denken. Das erfordert Geduld und Demut. »Und niemals, wirklich niemals«, so die Gräfin, »dürfen sich die Expartner vor den Kindern gegenseitig schlechtmachen.«

Die neue Gelassenheit im Schloss rührt gewiss auch daher, dass Christian von Pfuel, der als Anwalt in München arbeitet, nach der Hochzeit weiter in der Stadt blieb und nur am Wochenende zur Familie aufs Land kam. Das dominante Energiezentrum der Familie blieb seine Frau. Als die Ehe zerbrach, änderte sich für die beiden gemeinsamen Kinder, die damals noch nicht einmal in der Schule waren, zunächst nicht viel. Denn ihr Vater kam auch nach der Scheidung 2006 weiter jedes Wochenende nach Tüßling – und hält es bis heute so. Inzwischen hat er sogar wieder ein eigenes Zimmer im Schloss. Manchmal fährt er mit in die Ferien, und Weihnachten ist er immer dabei.

»Manch einer im Dorf denkt, die Gräfin, die spinnt, die lebt mit zwei Männern im Schloss«, sagt Stephanie von Pfuel und grinst: »Aber welchen Grund hätte ich, den Kindern ihren Vater vorzuenthalten?« Wenn sie etwas gelernt hat aus ihren Trennungen, dann die Erkenntnis, dass Kinder umso weniger leiden, je weniger sie von den Problemen der Eltern mitbekommen. »Christian und ich, wir verstehen uns ja immer noch. Und wir haben uns einmal geliebt. Es gab Dinge im täglichen Leben, die ein gemeinsames Leben nicht mehr möglich machten, deshalb haben wir uns getrennt. Aber wir haben die Kinder, das schweißt zusammen, und ich mag ihn weiterhin sehr gern.« Gerade macht Christian von Pfuel mit den beiden gemeinsamen Kindern Urlaub in der Türkei.

Wenn die Gräfin heute Bekannte trifft, die von ihrem zwanzigsten Hochzeitstag erzählen, dann wundert sie sich manchmal, dass es so etwas überhaupt noch gibt. Zugeständnisse kann sie privat nur schwer machen. Lieber setzt sie ihren Dickkopf ein, um scheinbar unerreichbare Ziele umzusetzen. Dann gründet sie eine Bürgerinitiative, um etwa gegen die durch ein falsches Hochwassergutachten geplante

Versiegelung des Dorfbachs zu protestieren. Im Gemeinderat schätzt man die Trinkfestigkeit der Zweiten Bürgermeisterin ebenso wie ihren klaren, entschiedenen Standpunkt in Sachfragen. Männer die »herumscharwenzeln«, mag sie nicht. Auch ihre Geschwister haben sich an ihr schon die Zähne ausgebissen. Als ihr Vater Karl Freiherr Michel von Tüßling seine Tochter zur Alleinerbin des Anwesens machte, fühlten sie sich trotz des ausgezahlten Pflichtteils übergangen. Es folgten Prozesse gegen die Schwester, die an der Situation nichts änderten – aber viel Geld und Nerven kosteten.

Was lässt sich lernen, was herauslesen aus einem Lebenslauf wie diesem? Stephanie von Pfuel selbst fühlt sich vom Zeitgeist bestätigt. Etwa von der Änderung des Scheidungsrechts 2008, das beide Eltern mehr in die Verantwortung nimmt. Das findet sie richtig, weil es Eltern zwinge, sich bei der Trennung vernünftiger zu verhalten. »Das muss noch viel mehr unterstützt werden«, sagt sie. Mit dem Ende der Versorgerehe gebe es einfach keine Alternative mehr zur Einigung mit dem Expartner. »Das ist dann wieder im Sinne der Kinder«, glaubt Stephanie von Pfuel, die seit 1998 auch als Ehrenrichterin am Sozialgericht München tätig ist.

Sie hört es inzwischen immer häufiger, dass sich Paare nicht im totalen Streit trennen, sondern zivilisierter mit ihrer Scheidung umgehen. Die Herausforderung anzunehmen und mit der Enttäuschung fertig zu werden, »Reife nennt man so etwas«, das gelinge heute besser als früher. Auch sie hat mit den Trennungen dazugelernt und auf manches verzichtet, etwa auf Unterhaltszahlungen für die Kinder, um bloß nicht den Frieden zu gefährden. »Ich habe wirklich keine Lust, mich über Geld zu streiten«, sagt sie. Die Gräfin kann es sich leisten, großzügig zu sein. Und sie weiß zu schätzen, nicht dauernd wegen zwölf Euro fünfzig einen der früheren Partner fragen zu müssen. Wie ihr überhaupt der Wohlstand vieles im Leben erleichtert. Anders als viele berufstätige Mütter braucht sie sich außer am Wochenende nicht um den Haushalt zu kümmern, muss nicht waschen, putzen, einkaufen gehen und kochen. Sie kann morgens ausreiten. Aber Stephanie von Pfuel ist nicht der Typ, der die ersparte Zeit mit Nichtstun verbringt. Sie ist unentwegt aktiv. Die Abende sind wegen ihrer vielen ehrenamtlichen Engagements fast immer verplant … Auf ihr Gehalt als Zweite Bürgermeisterin etwa verzichtet sie. Dafür nimmt sie ihre Tochter schon mal mit zu einer Gemeindesitzung, weil das Kind wissen will, was die Mutter abends da tut. Wunden aber hat auch sie.

»Man trennt sich erst, wenn der Leidensdruck extrem hoch ist«, sagt sie. Es war immer sie, die an einem bestimmten Punkt für sich entschied, den schmerzhaften Prozess durchzumachen, von dem sie

wusste, dass er furchtbar werden würde. Aber rückblickend ist sie überzeugt davon, auch im Sinne der
Kinder richtig gehandelt zu haben. Anders hätte sie
es, sagt sie, womöglich nicht überlebt. »Man muss die
Kinder durch die Schule bringen, sie begleiten, ihnen
Hilfestellung geben auf dem Weg ins Leben. Wenn
man das nicht mehr kann, weil man selbst keine Kraft
mehr hat, dann wird man krank, und dann ist das
alles nicht mehr möglich.«

Es stimmt ja: Sich in einer normalen Familie zu-
rechtzufinden, ist auch nicht immer einfach. Und die
Forschung findet inzwischen für alles Belege: dafür,
dass Trennungen der Eltern Kindern zusetzen, genauso wie dafür, dass Eltern, die sich nicht trennen,
ihren Kindern schaden. Und es gibt Hinweise darauf,
dass das Wohlbefinden von Kindern gar nicht davon
abhängt, ob sie in normalen Familien, in Eineltern-
familien oder in Patchwork-Familien leben.

Stephanie von Pfuel hatte ein warnendes Beispiel
vor Augen, die Ehe ihrer eigenen Eltern. Was ihr als
Mädchen widerfahren ist, wollte sie ihren Kindern
ersparen. Ihr Vater hatte mit seiner zweiten Frau
zwei Töchter. Die Kräche im Hause der von Tüßling waren hart, aber Stephanies Mutter erduldete
alles leidend, weil sie nichts mehr fürchtete, als nach
der ersten Scheidung eine weitere Ehe scheitern zu
sehen. Als Kind sei der Umgang mit ihrer Mutter nie
unbeschwert und kindlich-glücklich gewesen, sagt

Stephanie von Pfuel. Als Sechzehnjährige musste sie zwischen den streitenden Eltern vermitteln. Sie wurde als Botschafterin und Spionin eingesetzt und manipuliert. Eine Erfahrung, die die Gräfin geprägt hat.

»Die Zwutschkerln können ja nichts dafür«, sagt sie heute. »Wir setzen sie in die Welt, und dann sind sie diesen furchtbaren Momenten hilflos ausgesetzt.« Deshalb hat sie immer versucht, die Kinder aus allen Konflikten herauszuhalten. Schon allein weil sie wusste, dass kleine Kinder ihre Eltern bedingungslos lieben, egal, wie schlecht die sich aufführen. Im Gespräch mit der Gräfin gibt es Momente, in denen sich das strahlende Bild dieser Frau doch verdunkelt, etwa wenn sie sich eingesteht: »Mein Leben, das ist eine Biographie, die ich mir so nicht gewünscht habe.« Die junge Freiin hatte einst ganz andere Träume: dass sie irgendwann den Mann treffen würde, der zu ihr passt. Den sie heiraten, mit dem sie Kinder haben und mit dem sie zusammen alt werden würde. Dieser unschuldige Traum ist so tief im Menschen verwurzelt, dass ihn auch gesellschaftliche Umbrüche nicht löschen können. Er basiert auf der Annahme, dass das Leben eines Menschen tatsächlich bei null beginnt.

Sie hat gelitten, als der Traum zerplatzte. Sie hatte Gewissensbisse, Schuldgefühle. Einmal hat sie sogar mit dem Gedanken gespielt, sich aus dem Fenster zu stürzen, »so verzweifelt war ich«. Selbstvorwürfe quälten sie: Schon wieder eine Ehe kaputt! Schon wieder ist es schiefgegangen! Was mache ich falsch? Was geht hier nicht? Die armen Kinder, was nehme ich ihnen weg? Mit jeder neuen Patchwork-Familie entsteht ja ein neues Geflecht aus Bluts-, Wahl- und unfreiwilligen Verwandten, die miteinander auskommen müssen, nur weil zwei Menschen beschlossen haben, eine neue Beziehung einzugehen. Das müssen dann viele aushalten.

Bei der Eheberatung hielt es die Gräfin trotzdem nur eine Stunde aus. Danach stellte sie fest: Jeder Mensch hilft sich anders, jedem Menschen muss anders geholfen werden. Stephanie von Pfuel ist ein Mensch, der sich selbst hilft: »Me, myself and I – wir drei unterhalten uns, und dann durchleide ich das.« Und irgendwann schaut sie, der schon die Tageszeitung von gestern zu alt ist, wieder nach vorn. Es ist eine besondere Gabe: »Ich bin nicht an meiner Kindheit zerbrochen, ich bin nicht an den Männern zerbrochen, der liebe Gott hat mir eine wunderbare Stärke mitgegeben.« Die will sie ihren Kindern weitergeben.

Einmal hat das nicht geklappt: als zwei Töchter vom Vater gegen sie aufgehetzt wurden. Da waren plötzlich Mächte am Werk, die sich dem Einfluss der Gräfin entzogen. Mehr will sie, die so offen über sich erzählt, über ihre Kinder nicht sagen. Der Zank ging ihr an die Nieren, sie wurde krank. Da entschloss sie sich zu einer Familienaufstellung. Nicht mit Fremden, das brachte sie nicht fertig, aber mit Stühlen. Das reichte schon, um zu begreifen, dass nicht sie ihr Verhalten ändern musste, sondern der Rest der Familie. »Sie brechen den Kontakt zu den Mädchen erst einmal ab und schauen, was passiert«, hatte der Therapeut damals der entsetzten Mutter geraten: »Seien Sie gelassen, bedrängen Sie Ihre Töchter nicht.« Es dauerte nicht lange, und sie kamen zurück.

Eine Gluckenmutti ist Stephanie von Pfuel nie gewesen. Aber der von ihrer Familie bewohnte Ostflügel des Schlosses strahlt mit den vielen Kinderzimmern und der großen Wohnküche Wärme und Geborgenheit aus, was durchaus an ein Nest denken lässt. Während die Kinder durchaus darunter litten, dass ihr Vater das Haus verließ, waren ihnen die neuen Halbgeschwister immer willkommen. »Das war nie ein Problem«, erzählt die Gräfin. Sie vergleicht die Ankunft eines neuen Kindes mit der Geburt, die auch für jedes Kind in der Familie erst einmal schwer sei: »Die einen sind enttäuscht, weil sie nicht sofort mit dem Säugling spielen können, die andern eifersüchtig, die einen wünschen sich ein Mädchen, die anderen einen Jungen. Das Befremden dauert genau einen Tag, und danach sind alle wahnsinnig eng.«

Und es spielt gar keine Rolle mehr, wer Geschwister und wer Halbgeschwister ist? Im Hause Pfuel zumindest nicht auf verletzende oder kränkende Weise. Der Sohn ihres jetzigen Lebensgefährten, Julian, der nicht mit ihren Kindern aufwuchs, sondern erst später hinzukam, »der ruft jetzt zwar nicht dauernd an«, erzählt sie. Aber da er wie ihr Sohn Karl inzwischen in Spanien studiert, treffen sich die jungen Männer oft. Die Tochter aus Christian von Pfuels erster Ehe wiederum sei ihr bis heute wie ihr eigenes siebtes Kind. Auch Anina ist inzwischen erwachsen und lebt in New York. Aber als kleines Mädchen war sie oft bei der Tüßlinger Bande dabei. Konflikte mit der älteren Generation, die womöglich strikt gegen Patchwork im Schloss gewesen wäre, gab es nicht. Da Stephanie von Pfuel stets deutlich ältere Männer geheiratet hat, ist die Großelterngeneration nicht mehr am Leben.

Die Gräfin hat zwei große Lautsprecherboxen im Innenhof aufgestellt und lässt das Schloss jetzt von Elton John, Joe Cocker und Simon & Garfunkel musikalisch beschallen. Während Franz, der Koch, selbstgebackenen Pflaumenkuchen serviert, fragt man sich, wo der Haken in dieser Geschichte ist. Ist das alles ein großes Märchen? Oder sind Großfamilien den Zumutungen von Patchwork eher gewachsen? Womöglich spielt die adlige Herkunft eine Rolle. In der Aristokratie zu vorindustriellen Zeiten wurde das Verhältnis zwischen Ehepartnern, Eltern und Verwandten eher von dynastischen und öko-

nomischen Gesichtspunkten bestimmt. Die Liebes-
heirat dagegen ist eine Erfindung des Bürgertums,
die erst unter dem Einfluss der Romantik um 1800
aufkam.

Antworten lassen sich auch in der Kindheit der
Gräfin finden, die keineswegs das Leben einer ver-
wöhnten Aristokratentochter führte. Ihre ersten
sechs Jahre verbrachten sie und ihre ein Jahr jüngere
Schwester getrennt von den Eltern. Nach dem Krieg
hatten erst amerikanische Besatzungssoldaten im
Schloss gehaust, später war darin dann ein Alters-
heim untergebracht. Die Eltern lebten im kalten, für
Kinder ungeeigneten Benefiziatenhaus im Park, bis
sich der Vater zur Teilrenovierung des verfallenen
Anwesens entschloss. Das hieß zunächst einmal,
Strom, Heizung und Bäder einzubauen. Während die
beiden älteren Halbgeschwister im Internat waren,
lebten die Töchter beim Kindermädchen im Dorf.
Einmal am Tag, manchmal auch nur alle zwei Tage,
kamen die Eltern kurz zu Besuch. »Als Kind nimmt
man die Dinge eben hin, wie sie sind. Und wenn man
strenge Eltern hat, dann merkt man das selbst nicht
unbedingt.« Sie findet, dass »die Menschen heut-
zutage viel zu sehr verhätschelt« würden. Man ahnt,
worauf das gründet.

Stephanie von Pfuel ist selbst auch das Kind klassi-
scher Patchworker, obwohl das in ihrer Kindheit natürlich nicht so hieß. Ihre Eltern waren beide schon

einmal verheiratet gewesen und brachten jeweils ein Kind mit in die neue Familie. »Für ein katholisches Dorf war das schon ungewöhnlich«, erinnert sich die Gräfin, aber das sei ihr nicht bewusst gewesen: »Meine Halbgeschwister waren wie meine Geschwister. Da wurde nie ein Unterschied gemacht.« Dass die beiden Stiefgeschwister vor den Eltern selbst eine Zeitlang zarte Bande geschlossen hatten, eine Teenagerliebe, die dann rasch wieder auseinanderbrach, darüber lacht die Familie noch heute. Erst als Stephanie in die Schule kam, zog die Familie zusammen ins Schloss unter ein gemeinsames Dach.

Der katholischen Kirche steht die protestantische Gräfin, die vor ihrer ersten Ehe zum Katholizismus konvertierte, kritisch gegenüber, weshalb sie sich auf Podien gelegentlich mit Kardinal Meisner in die Wolle bekommt. Manchmal, wenn ihr alles zu viel wird, fährt sie ins Kloster Heiligenstadt und spielt die Kirchenorgel. »Leider ist die Orgel inzwischen kaputt. Beim Spielen hatte ich oft das Gefühl, Gott nahe zu sein«, sagt sie. So hält es die Gräfin mit großen, alten Institutionen, mit dem Adel, der Kirche, der Familie – sie ist nicht dagegen, sie nimmt sich davon, was zu ihr passt.

»MEIN ERSTER MANN WAR DAS TICKET NACH BERLIN«

In der DDR heiratete man früh und ließ sich oft schnell wieder scheiden. Diese Tradition, kombiniert mit den Umwälzungen nach dem Mauerfall, hat in Ostdeutschland besonders viele Patchwork-Familien entstehen lassen. Eine davon sind die Perschkes. *Von Corinna Emundts*

Man muss sich all diese Menschen gemeinsam auf einer Bühne vorstellen. Manche würden sich zum ersten Mal begegnen. Viele hätten sich nichts zu sagen. In den vergangenen drei Jahrzehnten sind sie zu einer Familie geworden, aber was genau heißt das eigentlich? Unglaublich, aber wahr ist, dass sich zum Beispiel die zwei leiblichen Kinder aus Gerald Perschkes erster und zweiter Ehe noch nie getroffen haben. Die Halbgeschwister sind inzwischen junge Erwachsene, sie wissen voneinander, mehr nicht. Es ist Gerald Perschkes Traum, an seinem fünfzigsten Geburtstag beide Kinder bei sich zu haben. Oder vielleicht schon Weihnachten? Es ist gerade in den letzten Jahren so viel Gutes geschehen, dass der Traum wahr werden könnte.

Zwei Hauptrollen hat diese Geschichte zu vergeben: an Gerald Perschke, siebenundvierzig Jahre alt, und an Dagmar Perschke, dreiundfünfzig Jahre alt. Die beiden sind seit 1999 verheiratet und seit zwanzig Jahren zusammen. Beide sind Ostdeutsche, sie fanden sich kurz nach dem Mauerfall. Die deutsche Einheit fiel zusammen mit ihrer ganz privaten Wende. »Verrückte Zeiten waren das damals«, sagt Dagmar Perschke rückblickend. Die Nebenrolle bekommt Daniel, achtundzwanzig Jahre alt, ein Adoptivkind, leibliche Eltern unbekannt. Ein junger Mann, der von sich sagen könnte, dass er drei Väter hat. Einen Vater, der ihn – wohl ungewollt – zeugte. Einen, der ihn adoptierte und dann im Stich ließ. Und einen, der schließlich zu seinem richtigen Vater wurde. Das war Gerald Perschke, der sich für Daniels Adoptivmutter als Geliebte und Ehefrau und ganz bewusst auch für ihren Sohn entschied. Daniel, der mit Worten sparsam umgeht, legt im Gespräch allerdings Wert darauf, dass der Mann, den andere den eigentlichen Vater nennen würden, nur sein »Erzeuger« ist.

Beginnen wir aber in den Jahren kurz vor Daniels Geburt, mit dem Leben von Gerald Perschke in der DDR Anfang der achtziger Jahre. Ein Oberschüler, bis über beide Ohren verliebt in eine Schulkameradin. Eine Teenager-Geschichte. Er heiratet eher aus Trotz, weil der Vater es nicht wollte, und, »doch ja, aus Liebe«, sagt er. Zu DDR-Zeiten war Heiraten nicht so eine große Sache. Schon allein weil es weder schwierig noch teuer oder gar ein Makel war, sich möglicherweise wieder scheiden zu lassen. Mit achtzehn oder zwanzig Jahren verheiratet zu sein, habe

»dazugehört« – so erzählen es Dagmar und Gerald Perschke unisono.

»Wenn man die Frau liebte, dann dachte man, eigentlich kannst du sie auch heiraten«, erklärt er. »Es war die erste eigene Entscheidung.« 1984 kommt eine Tochter zur Welt: »Ein Kind, das nicht geplant war, aber trotzdem geliebt wurde«, sagt Gerald Perschke. Er ist bei der Geburt nicht dabei – er ist bei der Armee. Und anschließend studiert er in Potsdam – die DDR stellte für studierende Eltern Wohnheime zur Verfügung, alles war gut organisiert. Er sieht das Kind am Wochenende. Doch schon nach anderthalb Jahren haben sich die jungen Eltern auseinandergelebt. Im Jahr 1987, mit zweiundzwanzig Jahren, ist Gerald Perschke geschieden.

Die Mutter seiner Tochter sagte damals, sie wolle ganz neu anfangen. Er möge sich bitte komplett aus ihrem Leben heraushalten. Aber betraf diese Ansage auch das Leben der Tochter? »Ich habe das möglicherweise falsch verstanden, nämlich so, dass dies auch hieß, sich von der Tochter zu entfernen«, sagt er heute dazu. Er habe nicht nachgefragt, was das für ihn und das Kind bedeute: »Ich habe es einfach als extremen Schnitt empfunden.«

Er fügt sich. Vielleicht mag er es als junger Mann auch für einen plötzlichen Freiheitsgewinn gehalten haben. Gerald Perschke fängt also neu an. Er stürzt sich in sein Studium der Außenpolitik, in seine Lei-

denschaft, die Musik, in die auch für DDR-Jugend-
liche wilden achtziger Jahre. Und »verdrängte den
Verlust«, wie er sagt. Er gehört zu jenen, die von
innen heraus das System verändern wollten, sieht
sich als Rebell, der das obligatorische SED Partei-
buch zum Zwecke von Studium und Berufswahl hat.
Nach außen hin ist er systemtreu – anders kam man
nicht an einen der wenigen elitären Studienplätze, die
das Tor zur Welt durch eine diplomatische Karriere
öffnen sollten.

Dazu gehörten allerdings stabile Familienverhält-
nisse – mit, so Peschke, folgender offizieller Begründung: »Je gebundener ein DDR-Diplomat ist,
desto geringer die Fluchtgefahr ins kapitalistische
Ausland.« Einmal wurde wegen seines Privatlebens
sogar eine örtliche Parteisitzung einberufen: als nach
außen gedrungen war, dass seine Ehe in Schwierigkeiten steckte. Das Private wurde auf seltsame Art
politisch. »Es ging darum zu prüfen, ob die Persönlichkeit reif genug war«, erzählt er. Gerald Perschke
kam mit einem blauen Auge davon.

Sich scheiden zu lassen sei zu DDR-Zeiten sehr
einfach gewesen. »Ein Verwaltungsakt«, ohne große
Kosten. Er war jung. Und er stand als jüngster von
insgesamt sechs Brüdern auch noch in jener typischen
männlichen Konkurrenz. »Ich war der Erste von uns,
der geschieden war«, sagt er. Damals machte ihn das
wohl sogar ein bisschen stolz. Zudem sei es in der

DDR völlig normal gewesen, ein Kind allein großzuziehen, in der Regel also die Partnerin mit Kind zurückzulassen. »Da musste man kein schlechtes Gewissen haben«, sagt er.

Wer Gerald Perschke heute begegnet, sieht einen lässigen Endvierziger vor sich. Einen, der in seiner Freizeit gern Jeans und T-Shirt trägt und den Bart klein und spitz auf jugendlich rasiert hat. So sieht einer aus, der nichts darstellen muss. Einer, von dem man sich vorstellen kann, wie er es genießt, mit Dagmar Perschkes Adoptivsohn Daniel durch die Kneipen zu ziehen, ein Vater-Kumpel-Typ.

Wenn man ihm zuhört, wird spürbar, dass er inzwischen sehr viel nachgedacht hat und am Leben gewachsen ist. Über manches redet er nur zögernd. Er sagt, er habe den Verlust des Kindes damals nicht gespürt. Das sollte sehr viel später kommen. Er hatte keinen Kontakt mehr zu seiner Tochter. Es gab keine Fotos und keine Geschenke. Heute sagt er recht distanziert über den Twen, der er damals war: »Das war jugendlicher Leichtsinn, ich habe die Bindung unterschätzt.« Er wird die Tochter erst im Alter von achtzehn Jahren wiedersehen. Über das erste Telefonat mit der Tochter 2002 sagt seine heutige Frau: »Die beiden haben miteinander telefoniert wie wildfremde Menschen – das war haarig.«

Man versteht bei der Erzählung dieses Vaters, dass Patchwork für diejenigen, die dort hineingeraten, oft kein buntes, fröhliches Familienleben bedeutet, mit vielen Turnschuhen im Flur und Menschen, die alle eng miteinander verwoben sind. Sondern dass so ein Flickenteppich aus verschiedenen Beziehungen zu Töchtern und Söhnen auch zerfleddern kann – um dann später erst wieder zu einem glücklicheren, farbigen Bild zusammengefügt zu werden. Eine Lebensaufgabe, ein dynamischer Prozess, in dem es zuweilen ein Jahrzehnt oder mehr braucht, bis sich die Dinge zurechtgerüttelt haben. Gerald Perschke packt das alles in einen kurzen Satz: »Das war Patchwork mit Pausen sozusagen.«

Zunächst trieb ihn das wilde Leben weiter, lenkte ihn ab – er hatte ein paar Affären, dann erwischte ihn 1988 die nächste große Verliebtheit. Dieses Mal war es eine Studentin in Babelsberg bei Potsdam, wo er auch studierte. »Wir haben relativ schnell geheiratet, waren glücklich und zufrieden.« Eine recht große Hochzeit mit siebzig Gästen fand kurz vor dem Zusammenbruch der DDR im Juni 1989 statt. Dann war ein Kind unterwegs, dieses Mal »nicht ungewollt«. Sein zweites Kind, diesmal ein Sohn, kommt drei Monate nach dem Mauerfall zur Welt. Gerald Perschke ist »stolz wie Oskar – der kleene Bengel war toll«.

Aber nun verändert der Zerfall der DDR sein Leben. Der Mann der Nachwuchselite ist noch bis zur Wiedervereinigung 1990 im Außenministerium

angestellt und findet mit etwas Glück nach wenigen Monaten gleich wieder einen Job – er landet im
Journalismus, bei einem der vielen Pilotprojekte von
Zeitungsverlegern, im aufregenden und unfertigen
neuen Berlin. Er hat es irgendwie geschafft, die West-
verleger davon zu überzeugen, dass er innerlich kein
Parteifunktionär und DDR-Anhänger war. Doch
seine damalige zweite Frau, die in der DDR auf
Lehramt studierte, ist plötzlich quasi unvermittelbar
in ihrem Beruf. Sie müssen wegen ihr ständig zum
Sozialamt, »und ich hatte den Job und ein schlechtes
Gewissen«, sagt Gerald Perschke. Er findet sich in
einer ganz anderen Welt als seine Frau wieder, der
wendeberauschten Medienbranche. Für ihn beginnt
eine Karriere. Diese plötzlich zwei verschiedenen
Welten kollidieren in seiner jungen Ehe: »Wir haben
es nicht hingekriegt«, sagt er.

Die gemeinsame Basis bröckelt also bereits, als er
in einer Zeitungsredaktion knapp achtundzwanzig-
jährig auf die sechs Jahre ältere Kollegin Dagmar
trifft, die, ebenfalls fachfremd, dort als frischgeba-
ckene Redakteurin arbeitet. Sie ist damals bereits geschieden. Dagmar ist alleinerziehende Mutter eines
adoptierten Sohnes und hat den ersten großen Le-
benswandel schon hinter sich: Noch zu DDR-Zeiten
hatte sie sich von ihrem ersten Leben getrennt wie
von einer alten Haut. »Vom naiven, zu ihrem Mann
aufblickenden früh verheirateten Dummchen«, wie

sie über sich selbst sagt, entwickelte sie sich zu der heutigen selbstbewussten, mitten im Leben stehenden Frau. Gerald Perschke sagt, er habe damals gemerkt, dass er eigentlich vorher immer den falschen Typ Frau gesucht hatte – und eigentlich die Rolle leid war, »derjenige zu sein, der immer sagen sollte, wo es langgeht«. Er grinst: »Ich war ihr total verfallen – ohne dass sie es merkte.« Er habe diese erwachsene Frau gesucht. Zwanzig Jahre ist das nun her.

Das Paar, das sich in der mehr als unruhigen Umbruchzeit der Wende gefunden hatte, hat an diesem Samstagnachmittag Platz genommen bei selbstgebackenem Apfelkuchen im selbstgebastelten Bilderbuch-Idyll. Im Herzen eines stadtnahen Dorfes in Sachsen-Anhalt, auf der Terrasse eines alten, umgebauten Bauernhofes, den die Perschkes permanent weiter umgestalten. Sie sind sesshaft geworden mitten in einer schon recht lang dauernden Paar-Beziehung. Zwischendurch streift die Hauskatze vorbei. Sie schauen in einen Garten, in dem jeder Baum selbst gepflanzt ist. Die Birke ist schon verdammt hoch gewachsen. Die Kinder sind mittlerweile alle junge Erwachsene.

Dagmar Perschke hat sich vor ein paar Jahren selbständig gemacht und in Daniels ehemaligem Jugendzimmer ein Arbeitsstudio als Event- und Musik-Managerin eingerichtet. Sie sagt, dass sie seither richtig glücklich ist. Ihr Adoptivsohn Daniel wiederum hat seine eigene komplette Wohnung im Erdgeschoss des Seitenflügels eingerichtet, weit genug weg, aber nah genug dran an dem Paar, das er seine »Eltern« nennt. Bis heute holt er sich gelegentlich als Snack ein kaltes Würstchen aus deren stets gut gefülltem Kühlschrank, eine Angewohnheit aus Kindertagen. Anderthalb Jahre hat er mal weit weg in München gelebt. »Das war nichts«, sagt er. – Du meinst, du bist dort auf Abwege geraten? – »Ja, so ähnlich.« Genaueres mag er über die Abwege nicht sagen. Ist Vergangenheit, Punkt. Er liebt Flugzeuge, das ist das einzige kuriose Erbe seines »echten« Adoptivvaters, der in der Reisebranche arbeitet. Daniel ist am nahen Flughafen Halle-Leipzig in einem Logistikunternehmen tätig. Da »tue ihm die Ruhe hier gut«. Ungewöhnliche Worte für einen Achtundzwanzigjährigen.

Seine Adoptivmutter mag es, wenn Daniel Würstchen aus dem Kühlschrank holt. Das erzählt sie lächelnd, beim Hausrundgang in der Küche angekommen, lange bevor der scheue Daniel die Bildfläche betritt. Sie mag es auch, ihren ersten Kaffee morgens mit ihm zu trinken, bevor sie im Zimmer gleich nebenan an die Arbeit geht. Sie sagt: »Ich bin froh, dass ich Daniel habe.« Sie sagt das öfter. Es ist ein gemütliches Ambiente, das sie sich mit ihrem Mann geschaffen hat. Viel Stoff, Holz, Kerzen, Dekoration. Alt und neu gemischt. Es dürfte nichts, aber auch gar nichts mit ihrem früheren Leben, mit der Wohnung im Stil der DDR-Moderne zu tun haben – außer dass Daniel noch da ist.

Wenn sie von der Frau erzählt, die sie einmal war, wird es für den Zuhörer schwer zu glauben, dass es sich um dasselbe Leben und dieselbe Person handelt. Heute steht da vor einem eine souveräne, kommunikative Anfangfünfzigerin, die so wirkt, als lasse sie sich von nichts und niemandem mehr so schnell etwas vormachen. Eine, die erkennbar Freiheit sucht und braucht – gerade auch im Beruf. Eine, die andere coachen könnte. Fast ein bisschen unbarmherzig spricht sie über ihr Leben als Ehefrau und Kindergärtnerin zu DDR-Zeiten: »Ich war naiv«, fällt da wiederholt als Erklärung. Es ist die Geschichte einer unfreien Frau, die in der bürgerlichen Ehewelt des 19. Jahrhunderts hätte leben können.

Wie kam es dazu? Sie sagt, sie sei ein junges, naives Huhn vom Lande gewesen, das aus alles anderen als glücklichen Familienverhältnissen stammte, einfach nur wegwollte – und sich am Tag nach ihrem 19. Geburtstag gegen den Wunsch der Mutter in eine unglückliche Ehe stürzte. Dagmar Perschke war lange bis über beide Ohren in den Mann verliebt und dadurch wohl etwas verblendet. Harald war ein großer, gutaussehender Student des Verkehrswesens mit ambitioniertem Elternhaus. Die Schwiegereltern schauten auf seine Frau herab. Sie habe zu Harald aufgeschaut – und ihn alles entscheiden lassen. Etwa, dass sie das Abitur nicht nachmachen durfte, um zu studieren – wie sie es sich eigentlich in den Kopf gesetzt hatte. »Wer soll sich denn dann um die Kinder kümmern?«, lautete die schlichte Antwort des Ehemannes, der ihrer Ansicht nach zutiefst bürgerlich-konservative Lebensmuster schätzte. All das ahnte sie natürlich nicht, als sie sich neunzehnjährig mit ihm traute. »Dein Mann war für dich das Ticket nach Berlin«, sagt Gerald Perschke ihr heute auf den Kopf zu. Sie nickt. Schon zu DDR-Zeiten hatte Berlin den Ruf, ein freieres Leben möglich zu machen.

Wer nicht in der DDR gelebt hat, muss sich erst vergegenwärtigen, was Ehe dort in den siebziger und achtziger Jahren des 20. Jahrhunderts bedeutete. Sie war nicht wie im Westen eine bürgerliche Festlegung auf Lebenszeit. Sie war einfach die Voraussetzung für eine ansonsten unerreichbare eigene Wohnung oder gar für einen Kredit, wenn Kinder dazukamen. Der Kredit wurde einem bei der Geburt des dritten Kindes sogar erlassen, einen Kredit »abkindern« hieß das damals. Ehe als Bündnis »auf Lebenszeit«? Das haben Dagmar und Gerald Perschke zumindest in ihrem früheren Leben als hohlen Begriff empfunden, den der DDR-Standesbeamte zwar pflichtgemäß herunterleierte, wohl aber wenige in dieser Generation sonderlich ernst nahmen.

Es gibt frühe Parallelen zwischen Dagmar und Gerald Perschke – lange bevor sie sich kennenlernten.

Auch sie durfte sich als Teil der DDR-Elite fühlen, schließlich hatte sie einen beruflich höherstehenden Mann geheiratet, der Privilegien genoss. Die Kindergärtnerin vom Lande fand sich in einer schicken Wohnung in einem guten Berliner Bezirk wieder, mit modernster Einrichtung und zwei Autos. Wer hatte das schon? Ein Parteisekretär wohnte in der Nachbarschaft – und eine Verkäuferin, die in einer der wenigen, teuren Boutiquen der DDR arbeitete. »Wir gehörten aus heutiger Sicht zu den oberen Zehntausend der DDR«, sagt Dagmar Perschke. Auch ihr Mann arbeitete viel im Ausland, deshalb war eine funktionierende Familie aus Sicht des Staates ähnlich wichtig wie bei Diplomaten. Sie geht davon aus, dass sie von Nachbarn regelmäßig bespitzelt wurden.

Schließlich tauchte aus Sicht des Ehemannes ein Problem auf. »Ein Kind musste her – für seine weitere Karriere«, sagt sie heute nüchtern. Doch das Paar blieb kinderlos. Damals mag sie gedacht haben, er wolle mit ihr und von ihr ein Kind. Sie sagt auch, dass sie damals eigentlich nicht unbedingt Mutter werden wollte. Als Kindergärtnerin, »die tagsüber eine laute, kreischende Meute um sich hatte«, war sie eher froh darüber, abends ihre Ruhe zu haben. Doch das Ehe-Muster blieb: Er bestimmte, und sie fügte sich. »Wir waren ein Vorzeige-Paar: jung, schön, nach außen hin glücklich.« Der Schein trog, er kümmerte sich eigentlich nur um sich selbst. Als das Kind namens

Daniel da war, das sie im Alter von elf Monaten aus einem Kinderheim holten, habe sie sich in manchen Momenten gefragt, was sie mit diesem unbekannten Wesen sollte. Alleingelassen, verzweifelt und hilflos habe sie sich gefühlt: »Ich habe oft gedacht, warum hast du nur dieses fremde Kind adoptiert?«

Bitter stellte sie fest, dass sie eigentlich bereits in ihrer Ehe das Leben einer Alleinerziehenden lebte, während ihr Mann, selbst für DDR-Verhältnisse, in denen Karrieren im westlichen Sinne seltener waren, schnell aufstieg. Einen Monat blieb sie zu Hause mit dem Säugling, dann arbeitete sie wieder. »Ich weiß gar nicht mehr, wie ich das geschafft habe: das Baby frühmorgens fertig gemacht, in der Krippe abgegeben und Punkt sechs Uhr den Kindergarten aufgeschlossen.« Harte Sätze kommen da über ihre Lippen: »Ich saß in dieser schicken, perfekt eingerichteten Wohnung, materiell ging es mir gut – und ich war doch unglücklich.«

Was mag Dagmar Perschke wachgerüttelt haben, die ja noch in DDR-Tagen, vor der politischen Zeitenwende, ihren ersten Aufbruch wagte und sich im Frühsommer 1989 im Alter von einunddreißig Jahren scheiden ließ – in genau dem Monat, in dem Gerald Perschke zum zweiten Mal heiratete? Der Weckruf, meint sie, sei bereits 1978 im Urlaub in Gestalt eines Berliner Professorenehepaars dahergekommen. Sie und ihr Mann waren damals zwei Jahre verheiratet.

Sie waren an einem für DDR-Verhältnisse schicken Urlaubsort – am Strand in Bulgarien. Dort fanden sie Kontakt zu jenem Paar, dem offenkundig das Ungleichgewicht der jungen Eheleute aufgefallen war. Bei einem späteren Wiedersehen in Berlin nahmen sie die junge Frau zur Seite und redeten ihr regelrecht ins Gewissen: »Du bist wer, mach was aus deinem Leben!« Von da an habe sie über Veränderung nachgedacht, selbst um den Preis einer Trennung von der großen Liebe.

Tief versunken ist in der Erinnerung von Mutter und Sohn der Adoptivvater. Hatte der stets Abwesende überhaupt eine Beziehung zum Kind? Dagmar Perschke kann sich an fast nichts erinnern. Sie kramt heute, fünfundzwanzig Jahre später, minutenlang bei Latte macchiato und Apfelkuchen in ihrem Bauernhausidyll im Gedächtnis. Nichts. Wenn er mal nach Hause kam von seinen Auslandsreisen, sei er meist müde gewesen und habe sich selten um Daniel gekümmert. »Ein rotes Matchbox-Auto aus dem kapitalistischen Ausland«, fällt ihr ein, das er dem Kind als Geschenk mitgebracht hatte. Aber gemeinsame Ausflüge? Urlaubserinnerungen? »Alles, was ich sehe, wenn ich versuche, mich an Harald zu erinnern, ist Gerald, wie er mit Daniel Drachen steigen ließ.« Aber Gerald war der Nachfolger. Vergessen, verdrängt? Schließlich fällt ausgerechnet Gerald, dem Wunsch-Vater von Daniel, am Kaffeetisch etwas ein.

Die Reise nach Zypern, die sein Vorgänger mit seinem Sohn allein unternommen hatte.

Die Bilanz dieser Vater-Kind-Beziehung, so sehen zumindest Mutter und Sohn es heute: Daniel war Mittel zum Karrierezweck. »Ich glaube schon, dass er Daniel gemocht hat«, sagt Dagmar Perschke. Wie muss man als Paar gelebt haben, wenn sich selbst so etwas Existenzielles nur als Vermutung äußern lässt? Sie macht aus ihrer Enttäuschung über Daniels Adoptivvater keinen Hehl. Denn anders als Gerald Perschkes erste Frau habe sie dem Ex-Partner zwar klar gesagt, dass sie die Scheidung wünsche, aber auch den Wunsch geäußert, dass er den Kontakt zum Sohn nicht abbrechen solle. Er tat es trotzdem – und ein letztes Mal blieb sie machtlos in dieser Beziehung. Noch heute treibt sie Hartmuts Nicht-Kümmern um ihres Sohnes willen spürbar um: »Für Daniel wäre vieles einfacher gewesen.«

»Eine vage Erinnerung«, hat Daniel heute, als junger Erwachsener, wenn man ihn nach Harald fragt. Aber solange man auch versucht, mit ihm über den Adoptivvater zu reden, es bleibt bei jenem Satz: »Von ihm habe ich wahrscheinlich meinen Flugzeugtick geerbt.« Und die klare Zuschreibung des jungen Mannes, wer wichtig war in seinem Leben – und wer nicht. Da gibt es eben den Erzeuger unbekannten Namens, dann den Adoptivvater Harald und den Mann, von dem Daniel sagt: »Gerald ist mein Vater, die anderen beiden habe ich verbannt.« Im Notiz-block steht wirklich »verbannt«.

Zwei Schlüsselszenen fallen der Adoptivmutter zur Adoptivvater-Sohn-Beziehung ein: Als ihm als Kind von der Mutter beim Abendessen gesagt wurde, dass sie sich scheiden lassen wolle, habe er bereits ähn-lich nüchtern wie heute als Erwachsener reagiert und die Mutter zu trösten versucht: »Dann suchen wir uns eben einen neuen Papa.« Oder die andere, Jahre später, als westdeutsches Unterhaltsrecht für Scheidungskinder galt: Dagmar ärgerte sich darüber, dass der Ex-Mann meinte, keine Alimente zahlen zu müssen. Als Daniel noch klein war, aber Gerald Perschke schon in seinem Leben und Deutschland mitsamt westlichen Scheidungsrecht und -pflichten vereinigt, da fragte der Junge seine Mutter: »Mama, bist du traurig, dass ihr geschieden seid?« – Darauf Dagmar Perschke: »Nee, ich bin wütend!« – Daniel: »Sei doch nicht traurig, wir haben doch den Gerald.«

Pragmatisch wie ein Erwachsener wirkt dieser Da-niel bereits in den Erzählungen aus seiner Kindheit. Was aber ist ihm auch anderes übriggeblieben, als die beiden ersten Männer in seinem Leben gedanklich in die Wüste zu verbannen? Der erste hat sich offen-kundig nie für ihn interessiert, womöglich aber weiß er auch gar nichts von dem Sohn. Herkunftspapiere zur Rückverfolgung des Ursprungs gab es bei dieser DDR-Adoption nicht. Es war nicht üblich. Dann kam der Karrierist, der sich nach der Instant-Scheidung von Dagmar Perschke nur noch ein, zweimal im Scheidungsjahr bei dem Sohn blicken ließ. Und dann nicht mehr. Offenbar heftete er innerlich die aus der Adoption erwachsene väterliche Verantwortung für den Jungen ab wie die Scheidungsurkunde. Als Daniel bereits erwachsen war, begegnete er einmal zufällig dem Nachbarn seines Adoptivvaters. Er bemerkte im Gespräch, dass ein Adoptivsohn nicht bekannt war. Der ehemalige Vater hatte ihn quasi totgeschwiegen.

Der ließ seine frisch geschiedene Ex-Frau ausgerechnet an Daniels sechstem Geburtstag wissen, dass er nun eine Neue habe, und zwar eine, die ihm eigene Kinder schenken konnte. Was man daran sah, dass sie schon ein Kind in die Beziehung mitbrachte. Es folgte noch eine gemeinsame Tochter. Das war das letzte, was Dagmar Perschke aus dem Leben ihres Ex-Mannes erfuhr – und dass er seine Karriere nahtlos im vereinigten Deutschland in derselben Branche fortsetzen konnte, mit Reihenhaus und dem bürgerlichen Leben, das er immer schon angestrebt hatte.

Dagmar Perschke hatte die Scheidung gewollt. Er hatte nicht widersprochen. Das letzte Relikt einer großen Liebe und eines damit wohl verbundenen großen Missverständnisses ihrerseits war, dass sie dachte, dass sie ihn mit ihrer Entscheidung in eine

Lebenskrise stürzen würde. Doch er habe es gelassen genommen. Sie tat noch einen letzten Liebesdienst für ihn und nahm die Schuld für die Scheidung beim Behördentermin formal auf sich. In der DDR reichte ein Termin beim Amt, eine Woche später war man geschieden. Erlogen war die Begründung, sie sei fremdgegangen und habe inzwischen bereits einen neuen Lebensgefährten. »Ich habe das getan, damit seine Karriere keinen Schaden nahm.«

Wir sind im Jahr 1989 angekommen, dem Einheitsjahr, das schließlich Gerald und Dagmar Perschke als Paar zusammenbrachte. Dabei, sagt sie, habe sie sich erst gar nicht für den sechs Jahre jüngeren Mann interessiert. Sie dachte, er sei nicht ihr Typ. Das Schicksal hat drei sehr verschiedene Persönlichkeiten zusammengebracht, die heute wirken wie ein eingespieltes gutes Team. Auch wenn es nicht immer leicht war. Für das Paar miteinander nicht, aber auch für die zwei, die Daniel seine Eltern nennt, mit ihrem nichtleiblichen Sohn.

Hat Gerald Perschke Daniel eigentlich auch auf dem Papier adoptiert?

Er (im Sinne von ›war nicht wichtig‹): »Nee.«

Sie (nicht ohne Stolz): »Aber Daniel hat gesagt, er wolle Perschke heißen.«

Er erwidert: »Dabei habe ich sie darin unterstützt, den Kontakt zum Adoptivvater zu halten.«

Man könnte meinen, dass diese Väter-Triade eine

Hypothek für das Wohlbefinden des Adoptivkindes wäre. Doch zumindest von der dritten Vaterfigur konnte sich Daniel richtig auserwählt fühlen. So etwas nehmen Kinder wahr, egal wie alt sie sind. Jedenfalls beschreibt Daniel das so: Einen besseren Vater hätte er sich nicht wünschen können. Denn Gerald Perschke hatte sich ja nicht nur für die neue Frau entschieden, sondern auch für das Grundschulkind an ihrer Hand. Und er betrieb mit Daniel für sich eine Art innere Wiedergutmachung: Er konnte das nachholen, was er bei seinen beiden leiblichen Kindern nicht erlebte: den Alltag mit dem Kind zu gestalten und sein Aufwachsen zu begleiten.

Ob ihn das zerrissen hat? In der Ferne die eigenen Kinder zu wissen und ein ganz anderes täglich im Hause? Perschke sagt heute: »Ich habe gedacht: Hier hast du eine neue Chance, nutze sie jetzt!« Er habe gesehen, dass Daniel ihn brauchte – und sich selbst eingeredet, »dass ich was wettmache«. Für sich selbst, nicht für Daniel. Daniel war das späte Ersatzkind. Bis heute fährt er manchmal mit seinem Sohn allein in den Urlaub – etwas, wovon Daniel mit einem Lächeln im Gesicht erzählt. Und er betont auch, dass ihn seine Freunde bis heute um die coolen Eltern beneiden.

Mit dem Wettmachen ist das beim Ersatzvater wohl so eine Sache. Dahinter verstecken sich Schuldgefühle den eigenen Kindern gegenüber und Trauer, etwas verpasst zu haben. Gerald Perschke hat sich das eher spät eingestanden. Eine Art Spätspürer also, ähnlich drückt er es selbst aus: »Ich musste ganz schön erwachsen werden, um zu bemerken, dass ich eine reale Beziehung zu den Kindern habe.« Ob sie bei ihm waren oder nicht.

Für ihn sei es schwierig, mit seinen leiblichen Kindern »über diese Zeit zu reden«, sagt Perschke heute. Er schnippt eine ausgerauchte Zigarette ins Gartenbeet. »Weil es den möglichen Vorwurf der Kinder beinhaltet, sich nicht gekümmert zu haben.« Dabei seien Tochter und Sohn ihm bisher nie so begegnet.

Das nächste Kapitel dieser drei Menschen im Familienflickwerk ist deshalb eines, das noch geschrieben werden muss. Gerald Perschke und seine leiblichen Kinder – das ist bisher fast eine Nicht-Geschichte. Die beiden Halbgeschwister kennen sich nicht, der Vater ist den beiden erst wieder begegnet, als sie volljährig wurden. Er entdeckt Ähnlichkeiten, sei es bei Studienfach und -ort, sei es in der Liebe zur Musik und zum »Posen auf der Bühne«. Perschke lacht beim Erzählen.

An die erstgeborene Tochter Anna muss er sich langsam herantasten. Schließlich hatte dort eine Kindheit und Jugend lang absolute Kontaktstille geherrscht. Die Aufregung bei der ersten Begegnung mit der erwachsen gewordenen Tochter war groß. Mit dem Sohn, von dem er immerhin Fotos hatte, war es einfacher, obwohl gleichzeitig die Nähe aus vielen gemeinsamen Erlebnissen fehle, die er nur mit Daniel habe. Und dennoch: »Das ist was anderes, eine andere Ebene, wenn man seinem eigenen, leiblichen Sohn gegenübersteht«, sagt Perschke. Je mehr er seine Tochter kennenlernt, desto stärker wird sein Eindruck, »dass sie in der Pubertät jemanden wie mich gebraucht hätte«. Das zehrt an ihm. Ausgerechnet in dieser entscheidenden Lebensphase habe sie noch eine Trennung verkraften müssen – die der Mutter von ihrem Ersatzvater.

Seine jetzige Frau sagt zu ihm: »Aber Gerald, du weißt, dass du die Zeit nicht zurückdrehen kannst.« Man spürt an dieser Intervention, dass das Paar schon oft über diese Wunden geredet hat. Es ist vielleicht das schwierigste Thema in der Geschichte der Perschkes. Denn sie sagt ganz offen: »Ich wäre nicht die richtige Mutter für eine große Patchwork-Familie mit all den Kindern gewesen.« In die Mutterrolle für Daniel hatte sie sich schnell hineingefunden, aber auch hier scheint es eine Art schlechtes Gewissen dem Kind gegenüber zu geben. Wohl weil sie ihm erst mal den Adoptivvater entzogen hatte, der sich dann selbst vollends seiner Rolle entledigte – und sie mehrere Jahre mit Daniel alleinerziehend blieb. Sie habe damals, in der ersten Zeit der neuen Beziehung, Angst bekommen, als Gerald Perschke sich am Wochenende den kleinen, leiblichen Sohn Moritz ins Haus holte und begeistert mit ihm herumtollte. »Ich wollte das Daniel nicht zumuten, dass er vielleicht als Kind in die zweite Reihe gerät.«

In solchen Momenten des Gesprächs lassen sich einige halb ausgesprochene heikle Fragen in ihrer Tiefe ahnen, die das Paar beschäftigt haben müssen: Hätte er vielleicht – wäre er damals der reifere Mann von heute gewesen – versucht, um des Kindes willen seine zweite Ehe zu retten? Hätte Dagmar Perschke sich von ihm getrennt, wenn er auf einer engmaschigeren Patchwork-Familie mit dem kleinen leiblichen Sohn bestanden hätte? Er: »Vor fünfzehn Jahren hätte ich noch gesagt: Ich kann damit leben, dass Tochter und Sohn in anderen Familien groß werden und andere Männer meine Vaterrolle übernehmen. Heute denke ich: Das gehört zu einem, das ist doch wichtig.« So kamen zu seiner eigenen Schwäche auch die Motive seiner neuen Frau Dagmar wie der Kindsmutter dazu, die den engen Kontakt des Vaters zu seinem Sohn Moritz nicht eben förderten. Aber der Vater versuchte zumindest ein Minimum an Kontakt zum zweiten leiblichen Kind zu halten; schickte Geschenke, erhielt Fotos. Das mache das Verhältnis heute für ihn einfacher als zur erstgeborenen Tochter.

»Jetzt haben die Kinder ihr eigenes Leben: Ich bin froh, dass ich Bestandteil ihres Lebens bin.« Er sei sich nicht sicher gewesen, ob das so werden könne. Und doch, er spreche mit ihnen über alltägliche Probleme und ihre Lebenspläne – »das ist eine Sache, die

mich schon ein bisschen glücklich macht.« Er überlegt. »Wo man weiß, dass da noch mehr passieren
kann.« Wünsche tauchen auf. Ein gemeinsamer Urlaub zum Beispiel. Und es gibt die Vision von Gerald
Perschkes fünfzigstem Geburtstag, bei dem alle ver-
eint sind. Und auch Dagmar Perschke hat ihre Patch-
work-Ängste hinter sich gelassen, sie ist entspannter
als früher, kann sich mehr Gemeinsames vorstellen.
Sie freut sich, wenn Geralds Kinder sie zum Abschied
umarmen. Auch Weihnachten in größerem Kreis ist
nun für sie vorstellbar. Nur eines soll so bleiben, wie
es zur Tradition geworden ist: Daniel, Gerald und sie
ganz allein an Heiligabend.

Zum Schluss überlegen die Perschkes, was das
Gute an diesem Familienflickwerk ist. Was ist das
Besondere im Vergleich zum Klassiker der Vater-
Mutter-Kind-Familie? »Diese Brüche zu überstehen
und Brücken zu finden«, sagt er, »und neu anfangen
zu können, das ist für beide Seiten eine tolle Erfahrung.« Sie sagt: »Daniel ist nicht mein Sohn, er
ist unser Sohn.« Als sei sie besonders stolz, weil das
nicht selbstverständlich ist. Einmal taucht an diesem
Nachmittag eine dicke Boeing 747 am nahen Himmel
über dem Bauernhof auf – und löst Begeisterung bei
den zusammengewachsenen Eltern aus. Der Flugzeugtick hat inzwischen alle erfasst.

Einige Namen in diesem Text wurden geändert.

»WENN LIEBE NICHT MEHR EWIG WÄHRT«

Professor Bernd Guggenberger hat drei Kinder von zwei Frauen. Er ist zweimal geschieden und war viele Jahre alleinerziehend. *Von Rocco Thiede*

Stolz ragt der weiße Turm in den blauen Himmel. Rote Zinnen umkränzen das Dach. Auf einem kleinen Hügel am Rande Berlins liegt die Türmchen-Villa von Professor Bernd Guggenberger. Sie wurde im romantisch-mittelalterlichen Stil gegen Ende des 19. Jahrhunderts erbaut. Im Winter ist sein Haus von der nahen Hauptstraße aus gut zu sehen. Im Sommer hingegen versteckt sich das Schlösschen des dreiundsechzigjährigen Professors gut hinter dem dichten Grün hoher Linden, Schwarzbirken und mächtiger Ahornbäume.

Bernd Guggenberger ist Professor für politische Wissenschaft. Jenseits von wissenschaftlichen Fachkreisen ist er einem breiten Publikum auch als Redner und Publizist, bildender Künstler und Schriftsteller bekannt. Er war zwei Mal verheiratet. Beide Ehen endeten für ihn unglücklich. Es kam zwei Mal zur Scheidung: bei der ersten Ehe – mit vorangegangener Trennung – nach über zwanzig Jahren, bei der zweiten nach über zehn Jahren. Aus den Ehen gingen insgesamt drei Kinder hervor. Nach der Trennung von seiner ersten Frau war der Hochschullehrer mehr als anderthalb Jahrzehnte alleinerziehender Vater zweier Kinder.

»Die Liebe und die auf sie gegründete Liebesehe beziehen die Option auf Dauerhaftigkeit mit ein. Beziehungen dagegen sind von vornherein temporär angelegt«, räsoniert Guggenberger beim Gang durch seinen parkähnlichen Garten. Die Vergänglichkeit von Liebesbeziehungen ist eines der vielen Themen, mit denen er sich in den zurückliegenden Jahrzehnten als Wissenschaftler und Essayist beschäftigt hat. Bereits in den achtziger Jahren veröffentlichte er seinen vielzitierten FAZ-Artikel »Wenn Liebe zur Beziehung wird«.

Vor kurzem von seiner deutlich jüngeren zweiten Ehefrau geschieden, wurde ihm das Sorgerecht für seinen heute vierzehnjährigen Sohn aberkannt. Dieses Schicksal teilt er mit vielen geschiedenen Vätern, aufgrund einer wohl nicht mehr zeitgemäßen Rechtssprechung. Guggenberger hat sein drittes Kind seit über drei Jahren nicht mehr gesehen oder gesprochen. Auch wenn sie scheiterten, bezeichnet Guggenberger seine beiden – zeitlich weit auseinanderliegenden – Ehen auch heute noch über die längste Zeit ihres Bestandes als »außergewöhnlich intensiv und glücklich«.

Wer den Professor zu Hause besucht, trifft auf

einen noch jugendlich wirkenden, nicht sehr großen Mann in legerer Kleidung. Er trägt die ergrauten Haare länger als viele seiner Altersgenossen. Setzt er seine dunkle Sonnenbrille ab, blitzen blaue Augen hervor. Diese blauen Augen hat er auch an alle seine Kinder vererbt.

Äußerlich gleicht er in vielem einem typischen Vertreter der Achtundsechzigergeneration. Selbst bei offiziellen Anlässen sieht man ihn nur selten mit Anzug und Krawatte. Durch seine angenehm offene und einnehmende Art gelingt es ihm, Zuhörer schnell in seinen Bann zu ziehen. Nur die kräftigen, groben Hände scheinen seinem feinen, intellektuellen Geist auf den ersten Blick zu widersprechen. Guggenberger kommt aus einer Schreinerfamilie aus dem Schwarzwald. Mit hochgekrempelten Ärmeln packt er selbst gern zu. Als Künstler arbeitet er bevorzugt mit Materialien, die keinen Widerspruch dulden.

Als seine erste Ehefrau Ende der siebziger Jahre die Familie verließ, waren die Kinder Sophie und Damian gerade einmal vier und acht Jahre alt. Sie hatte damals mit ihrem freiwilligen Sorgerechtsverzicht gewiss auch im Interesse der stark auf den Vater fixierten Kinder gehandelt und »einen für sie schmerzlichen Weg gewählt«, wie ihr ehemaliger Mann es rückblickend sieht. Sie teilte mit ihm wohl auch die Überzeugung, dass der Vater den Kindern mehr geben konnte.

Sie selbst war allein mit ihrer Mutter aufgewachsen. Als Kind und junger Mensch hatte sie wohl nie die Chance, Teil einer intakten, vollständigen Familie zu sein, die Rückhalt und Geborgenheit bietet. Ähnliches gilt auch für Guggenbergers zweite Ehefrau. Als sie mit Mitte zwanzig Guggenberger kennenlernte, hatte sie bereits eine gescheiterte Ehe hinter sich. Sind das alles nur bedeutungslose biographische Zufälle? »Könnte es nicht sein«, sinniert Guggenberger, »dass sich Lebenserfahrungen zwar nicht einfach forterben lassen, weil jeder sie selbst machen muss; dass sich aber vorenthaltene Lebenserfahrung rächt?« Er fragt sich heute, ob Menschen, die den Wert und die Bedeutung von Verlässlichkeit, Familiensolidarität und Treue im eigenen Elternhaus nie kennengelernt haben, diese später selbst vermissen werden.

Beim Gang durch die vielen Räume seines Schlösschens merkt der Besucher schnell, dass der erklärte Familienmensch Guggenberger oft als Dozent auftritt, wenn er Gedanken äußert wie: »Wer nur ein angelerntes Familienmitglied ist, wird sich in der Krise möglicherweise anders entscheiden als derjenige, der die intakte Familie buchstäblich mit der Muttermilch eingesogen hat. Wo das Kommen und Gehen von Eltern-Partnern eher als Normalfall erlebt wurde, fällt es sicher schwerer, selbst eine feste Bindung einzugehen.«

Guggenberger hat seinen älteren Kindern Sophie und Damian die Trennung von ihrer Mutter nie schöngeredet: »Gewiss habe ich versucht, sie so wenig wie möglich zu belasten. Auf der anderen Seite habe ich ihnen aber auch das Zumutbare zugemutet: das Wissen, dass sich in ihrem Familienbiotop eine Katastrophe ereignet hat, etwas, das das unbeschwerte Familienglück in einem Augenblick erschüttert hat, etwas, das nie hätte passieren dürfen. Ich sagte ihnen: Wenn ihr später einmal selbst Kinder habt, versucht ihnen das auf jeden Fall zu ersparen, es gibt nichts Wichtigeres für ein gelingendes Leben als die Familie und eine glückliche Kindheit.« Auch wenn die drei in der Folge »wie Pech und Schwefel« zusammenhielten – Guggenberger ließ seinen Kindern gegenüber keinen Zweifel daran, dass es bei all dem nur noch um die »zweitbeste Lösung« gehen konnte. Die beste Lösung – das war die kurze gemeinsame Zeit mit *beiden* Eltern, mit Mutter *und* Vater.

Nie hat er die Trennung verniedlicht nach dem Motto: »Man kennt sich, man trennt sich. Alles ist halb so schlimm. Wir bleiben alle Freunde fürs Leben.« Von solchen Unverbindlichkeiten hält er nichts. Was er selbst hatte, eine Familie mit Vater und Mutter »als feste, durch nichts zu erschütternde Burg«, das konnte er seinen Kindern nicht geben.

Eine der schmerzlichen Lehren des Lebens, über die sich Guggenberger mit seinen Kindern in der

Zeit »nach der Katastrophe« oft austauschte, war die Tatsache, »dass eben nichts selbstverständlich ist und weniges nur verlässlich und für menschliche Ewigkeiten gültig. Und: dass wir ganz selten nur merken, dass wir glücklich sind, solange das Glück da ist und anhält. Glück ist ein Rückspiegelphänomen. Man wird seiner erst gewahr, wenn es gefährdet ist, wenn es uns entschwindet.«

Was aber folgt aus dieser Einsicht? »Für das Glück muss man fortlaufend Einsatz bringen. Man muss beizeiten damit anfangen, es auch dort zu entdecken, wo man es gemeinhin gar nicht suchen würde: im Alltag, in den ganz gewöhnlichen und banalen Tagesverrichtungen. Vieles unterläuft unser Bewusstsein, weil wir mit ihm im dauernden, scheinvertrauten Umgang sind.« Für Guggenberger ist Familie gerade nicht der nie endende Sonntagsausflug: »Familie ist auch und gerade, wenn's weh tut, wenn nichts mehr geht, wenn's vermeintlich nicht mehr zum Aushalten ist. Auf Familie-light lässt Familienglück sich nicht gründen. So ernüchternd das klingen mag, Familienglück hat viel mit Gewöhnung und Verlässlichkeit zu tun, mit langjähriger, über die Generationenschwelle weitergereichter Erfahrung.«

Kein Zimmer in Guggenbergers strahlend weißer Villa ist wie das andere. Höchst individuell und fast verwirrend ist die Aufteilung der Räume. Wer von unten nach oben möchte, kann auf Treppenabsätzen rasten. Im Inneren des Schlösschens wirken viele der Zimmer noch unfertig, wie kurz vor einem Ein- oder Auszug. In der oberen Etage hat er gerade den hölzernen Fußboden neu verlegen lassen. Mittlerweile steht auch die Bibliothek mit den vielen Büchern des Professors wieder. Es scheint voranzugehen. Doch wer wird die fertigen Räume einst nutzen?

Guggenberger selbst ist in einer Familie mit Vater, Mutter und fünf Geschwistern groß geworden, die sich, allem unvermeidlichen innerfamiliären Kleinkrieg zum Trotz, stets ein Stück weit als unaufkündbare »verschworene Gemeinschaft« verstanden haben. »Wenn's darauf ankam, war die Familie eine verlässliche Größe. Der eine konnte auf den anderen bauen.«

Guggenbergers Geschwister fanden alle Partner aus intakten Familien. Trennungs- oder Scheidungswaisen gibt es unter den jeweiligen Ehepartnern keine. Ihre Ehen halten bis heute, ohne Anzeichen äußerer Erschütterung. Obwohl er der älteste Sohn seiner Eltern ist, können, anders als er selbst, manche seiner Geschwister bereits auf eine stattliche Enkelschar verweisen. »Genau das wollte ich auch. Fast scheint es, als sollte ich auf diesem Feld der einzige Versager in meiner Familie werden«, gibt er resigniert zu Protokoll. Seine Kinder – Sophie und Damian – haben im Gegensatz zu ihren Cousinen und Cousins von Kindesbeinen an die Familie fast nur als

Rumpffamilie erfahren. Guggenberger ist fest davon überzeugt, dass künftiges Ehe- und Familienglück Voraussetzungen hat, die bereits in der vorangegangenen Elterngeneration gelegt und von Jugend an eingeübt und gelernt wurden. Er beruft sich dabei auf Statistiken, wonach mehr als zwei Drittel der Ehen scheitern, bei denen ein oder gar beide Partner aus einer zerrütteten Familie kommen. »Sozialempirisch stellen die Scheidungswaisen mittlerweile bald die Mehrheit. In akademischen Kreisen sind sie es wohl bereits!«

Guggenberger fragt sich heute, ob Kinder, die mit wechselnden Vätern oder – seltener – Müttern groß werden, auch aus diesen »negativen Vorbildern« lernen können: »Klar, sie nehmen sich fest vor: So möchte ich es einmal mit meinem Partner selbst nicht machen. Aber wenn der Konflikt im eigenen Leben da ist – werden sie ihn anders bewältigen als ihre Eltern? Vieles ist heute nicht mehr auf Ewigkeit angelegt. Jeder muss mit der Vergänglichkeit aller Versprechen rechnen.« Es zeuge längst nicht mehr nur von Zynismus, wenn man den Kindern zumute, diese Vergänglichkeit im Kalkül zu haben; zum Beispiel in Gestalt »der Liebeskatastrophe der Eltern, bis hin zur völligen Gesprächsunfähigkeit am Ende einer Beziehung zwischen Menschen, die sich einmal sehr nahe waren«.

Statt Ehefrau und Ehemann auf Zeit und Ewigkeit dominiert der Lebensabschnittspartner die Bühne zwischenmenschlicher Beziehungen: »Bleibende Orientierungspartner erwachsen heute durch Sozialadoption und neuartige Wahlverwandtschaften, nicht mehr vornehmlich nach den Gesetzen der Blutsbande und des Generationengefüges.« Damit ist auch gemeint, dass heutige Kindergenerationen nicht mehr nur von den eigenen Eltern lernen. Ihre Rollenmodelle kommen von Freunden und Lehrern, am häufigsten aber wohl aus Mode und Medien, Werbung und Konsum.

»Ist es nicht gerade die ›unerträgliche Leichtigkeit des Seins‹, die den sozialen Umgang beschwert?«, fragt Guggenberger. Wer argumentiere: »Macht es euch und den Kindern doch nicht so erdenschwer! Warum sollen sie eure Elternkämpfe weiterkämpfen?«, der verkenne, dass Familie generationenübergreifende Schicksalsgemeinschaft ist. Wer der Familie »die Schwere nimmt, darf sich nicht wundern, wenn sie keinen Rückhalt mehr bietet und keinem Sturm mehr standhält«.

Anders als viele gleichaltrige Vertreter der Achtundsechzigergeneration hat Guggenberger das Modell »Familie-light«, wie er es nennt, nie überzeugt. In den achtziger Jahren, als er als Hochschullehrer in Bielefeld tätig war, besuchten seine Kinder die Laborschule des Pädagogen Hartmut von Hentig. Der Partnerwechsel und die Familie ohne Trauschein waren hier längst der Normalfall. In der Jahrgangs-klasse von Sohn Damian entstammten gerade einmal drei Schüler einer klassischen Familie. Die allein-erziehende Mutter dominierte. Guggenberger blieb selbst in diesem Umfeld als alleinerziehender Vater ein einsamer Exot. In seiner Skepsis bestätigt hat ihn das Ergebnis eines Befragungstests an dieser Schule, bei dem von über zwanzig knapp zehnjährigen Schü-lern gerade mal zwei imstande waren, halbwegs zu-treffende Angaben über Namen und Vornamen von Müttern, Vätern und Großeltern zu machen.

Die heutigen Patchwork-Situationen – Guggenber-ger: »ein unglücklicher, um nicht zu sagen ein dum-mer Begriff« – seien »der Not geschuldet, wenn Lie-be nicht mehr ewig währt und das obendrein keinen mehr sonderlich kümmert«. Es sei höchst fraglich, ob, »allen wohlfeilen Lippenbekenntnissen zum Trotz, wirklich das dauerhafte Kinderglück im Mittelpunkt des Abwägens« stehe und nicht vielmehr »das situa-tive Beziehungsglück kurzlebiger Partnerattraktion«. Und vielleicht sollte man ja auch »zur Glücksöko-nomie der Partnerbeziehung stärker die Frage beden-ken: Welche Paare werden wirklich in der zweiten, dritten, vierten oder fünften Beziehungskonfigura-tion dauerhaft glücklicher als in der ersten?«

Natürlich gebe es die unglücklichen Ehen, bei denen eine Trennung und Neuordnung des Lebens besser ist. »Aber das Leichte, Lockere im Umgang miteinander, fehlende Leidenstoleranz, mangelndes Durchhaltevermögen, das schnelle Aufkündigen – dies alles ist zu einer neuen Not der Zeit geworden.« Patchwork-Familien sind für Guggenberger ein Symptom der modernen Flüchtigkeitsgesellschaft und ihrer Signalkultur: »Wenn immer mehr Informationen und Bilder in immer kürzeren Intervallen auf uns einwirken, gerät unsere Reizökonomie außer Rand und Band. Die neuen Bilder, Landschaften, Menschen, Gegenstände und auch Gefühlszustände, die pro Zeiteinheit auf uns einwirken, wachsen ins Unermessliche an.« Deshalb können viele Menschen die geistigen und emotionalen Eindrücke nicht mehr verarbeiten und bleiben kalt. Man berührt sich nur noch flüchtig – und eilt schnell weiter. Guggenberger ist davon überzeugt, dass ein »spannender Partner heute vor allem eines können muss: die Langeweile vertreiben«. Und seine Analyse schließt die Gesellschaftskritik gleich mit ein, wenn er resümiert: »Zu einer stark an der Wirtschaft ausgerichteten Gesellschaft mit ihrem Erfordernis des flexiblen Arbeitskaders, der jederzeit abrufbar ist, passen mobile Familienstrukturen und hohe Trennungsbereitschaften nur zu gut! So etwas Sperriges wie Treue liegt völlig quer zum neuen, flexiblen Menschentyp, erscheint uns hoffnungslos veraltet, kann aber gerade aus diesem Grund ganz schnell auch wieder ultramodern werden.«

Familie und Ehe seien Auslaufmodelle. »Liebe und lebenslange Treue bleiben so etwas wie korrektive Ideen und kontrafaktische Normen, die allerdings immer schwerer zu leben sind. Ihre Suggestivkraft gewinnen sie gerade aus ihrer relativen Seltenheit. Die untergründige Sehnsucht nach Treue, Verlässlichkeit und Bestand wachsen, je mehr die Beschleunigungsgesellschaft gerade diesen Tugenden den Boden unter den Füßen wegzieht und sie uns lebenspraktisch wegsterben«, doziert er passend vor seinem eigenen biographischen Hintergrund. »Je fluider und instabiler die Gesellschaft, umso stärker die Sehnsucht nach individueller Beständigkeit. Das Unzeitgemäße gewinnt für sensible Menschen eine eigene Attraktivität.«

Wer zu Guggenbergers Schloss möchte, muss gelegentlich durch hohes Gras stapfen oder über einen versteckten Sandweg den Hügel erklimmen. Entlang einer Lindenallee erstreckt sich eine sanft ansteigende Magerwiese. Besuchern wird der Gang zum Schlossherrn nicht leicht gemacht. Kein eleganter Kieselsteinweg mit weiß leuchtenden Laternen wurde angelegt. Wer den Professor erreichen will, muss sich bemühen und herankämpfen.

Bernd Guggenbergers eigenwillige Villa im Tudorstil hat eine hochinteressante, wechselvolle Geschichte. Erbaut von Gustav Lilienthal, dem jüngeren Bruder des Flugpioniers, war sie eines der Zentren der

Lebensreformbewegung des vorigen Jahrhunderts, die den Ökologen und Grünen von heute vielfältige Anregungen gab. Führende Köpfe der Monte-Verità-Bewegung gingen hier ein und aus. Verfechter des Sonnenkults und der Freikörperkultur, der Anthroposoph Rudolf Steiner, der Jugendstilmaler Fidus sowie der Pädagoge und Entdecker der Sinne Hugo Kükelhaus waren hier zu Gast.

Guggenberger hat das Haus kurz nach der Geburt seines zweiten Sohnes erworben. Das Schlösschen bietet viel Platz und ist ideal für eine Großfamilie. Eigentlich wartet es nur darauf, aus seinem Dornröschenschlaf zu erwachen. Guggenberger kam als sein Befreier, legte hier und da Hand an den Bau und nahm behutsame Veränderungen bei den Innenräumen vor. Aber irgendwie blieb er in den Dornen stecken. Guggenbergers Königsfamilie lebt hier nicht mehr. Oft ist der Schloss-Erlöser allein auf seinem Anwesen. Kurz nach der Trennung vor vier Jahren beschrieb er diesen Zustand in einem Gedichtband. »Unsere Burg / die jetzt spröde / zu bersten beginnt / als sei … die Ahnung aufgepflanzt / dass die Herrin gehe / diesmal / fort für immer«, heißt es an einer Stelle.

Eigentlich ist Guggenbergers privater Rückzugsort auch ein Paradies für Kinder – hier kann man sich verstecken und klettern und im Unterholz Buden bauen. Das Dachgeschoss ist über eine Wendeltreppe erreichbar, und von der Dachterrasse hat man einen guten Blick über das umgebende Seenrund bis zum nahen Kirchturm.

Dass der Kontakt zu seinem jüngsten Sohn abgebrochen ist, belastet Guggenberger schwer. Dennoch ist er sich sicher: »Ich habe ihm in den Jahren unserer Gemeinsamkeit viel mitgeben können. In seiner ersten prägenden Lebensphase bis zum Alter von zehn Jahren, war ich für ihn der dominante Ansprechpartner.« Mit einer Vielzahl von Geschichten hat er seine Phantasie stimuliert, mit ihm gemalt, gebastelt, gelesen und philosophiert. »Wir haben bizarre Märchen erfunden und aufgeschrieben; uns strahlende Helden und Ritter von der traurigen Gestalt ausgedacht. Ich habe mit ihm über die Zeit, den Raum und die Ewigkeit spekuliert. Wir haben Figuren entwickelt, wie den Mond- und den Erdenfritz oder die Tanaka, ein gewitztes, lebenskluges Mädchen aus Japan.« Viele Jahre lang hat er ihm jeden Abend vor dem Einschlafen »einen erfundenen eigenen Streich« erzählt, und nicht nur zu Weihnachten und Geburtstagen wurde zusammen gesungen, gebetet oder gedichtet. Guggenberger weiß genau: »Das wird bleiben auch über seine erzwungene Abwesenheit hinaus. Doch der Schmerz über das Verlorene ist riesengroß. Es bleibt nur ein Trost: All das, was wir gemeinsam erlebten, das bleibt ihm, seinen Geschwistern und mir erhalten.«

Ein schnelles Ende der erzwungenen Distanz scheint Guggenberger unwahrscheinlich. »Mehr als mein Schweigen und meine zuversichtliche Geduld kann ich ihm im Augenblick nicht geben. Ich war ihm zehn Jahre lang Vater mit Leib und Seele. Ein bisschen Vater kann ich nicht. Als Ferien- und Besuchsdaddy habe ich wenig Talent. Dafür wiegt das, was uns an Unlöschbarem einst in der Familie verband, einfach zu schwer: Wir können beide nicht gegenseitig für zwei Wochen im Jahr das Ruinenfeld weglächeln, auf dem wir stehen. Und wahrscheinlich«, fügt er nachdenklich hinzu, »bringe ich selbst auch zu viel pädagogischen Ehrgeiz und Eifer mit ein, wenn ich nicht nur Gene forterben, sondern auch Gedanken und Überzeugungen weitergeben möchte – und dies nicht zuletzt gerade durch die Chance, sie durch eigenes Vorleben zu beglaubigen.«

Im Erdgeschoss von Guggenbergers Schlösschen, neben der modernen offenen Küche, reiht sich auf dem Fußboden eine rhythmische Abfolge hoher, schlanker Bilderrahmen. Hinter Glas sieht man abstrakte ineinanderfließende Gebilde in bräunlicher Farbe. Auf einem hautähnlichen, transparenten Überzug sind expressive Formen zu erkennen. Bambusstängel und Blätter wurden in diese Kompositionen eingearbeitet. Diese Materialbilder sind Teil einer vor einem Vierteljahrhundert in einem Reisfeld vom Künstler Guggenberger auf Bali veranstalteten

Klang- und Bewegungsinstallation mit dem Titel
»The Rhythm of Bamboo«.

Guggenberger nutzt für seine Seidenpapierbilder
und plastischen Arbeiten gern Knochenleim. Leim –
der verbindet und etwas festhält, so wie Bernd Guggenberger versuchte, seine Familie zusammenzuhal-
ten. Die Bilder hängen noch nicht an den Wänden.
Sie warten nur darauf, dass alles einmal fertig wird
und sie ihren festen Platz doch noch finden.

»MEIN ENGELE, MEIN GOLDSCHATZ«

Sophie Guggenberger – Journalistin, PR-Managerin und
Schwester

An einem verschneiten Wintertag in der Schweiz
trafen Sophie Guggenberger und ihr Bruder Damian
zum ersten Mal die neue Freundin ihres Vaters. »Mir
war schon klar: Wenn Papa uns jemals eine Frau
vorstellt, dann muss es etwas Ernstes sein. Ich habe
mich für ihn damals sehr gefreut«, sagt Sophie. Fast
zwanzig Jahre lang hatte es keine feste Lebenspart-
nerin für ihren Vater gegeben. Niemals sollten die
Kinder sich nach dem Auszug der eigenen Mutter
»durch eine Fremde bedroht fühlen«. Erst als die
Kinder groß waren, bereits studierten und nicht
mehr permanent zu Hause wohnten, gab es eine
neue Entwicklung: Ihr Vater sei damals »regelrecht

aufgeblüht«, er wirkte »sehr verliebt, fast wie im zweiten Frühling«.

Die neue Frau des Vaters war noch sehr jung und sogar etwas jünger als ihr Bruder Damian. »Irgendwie war es schon komisch, denn eigentlich hätte sie meine große Schwester sein können«, erinnert sich Sophie. Anfangs hatte sich Sophie auch wegen des Altersunterschiedes zwischen ihrem Vater und seiner späteren zweiten Ehefrau immer mal wieder gefragt, wie lange die neue Liebe wohl halten würde. »Aber je länger beide zusammen waren, desto weniger spielte die Altersdifferenz eine Rolle.« Ihr Vater kam damals »viel jünger rüber«, und seine neue Frau war »von ihrer Persönlichkeit und ihrem Wissensstand her reifer als viele andere in ihrem Alter«. Ihre öffentlichen Auftritte und ihre schon frühzeitig erkennbare Karriereambition taten ein Übriges. Beide haben sich, so schien es, in ihrem Beruf gut ergänzt.

Ein halbes Jahr später, bei einem Grill-Ausflug zu den Externsteinen nahe Detmold überraschte der Vater die Geschwister: »Ihr bekommt noch ein Geschwisterchen – einen kleinen Bruder.« Sophie studierte damals in Freiburg. Ihr Vater pendelte zwischen Berlin, Bielefeld und dem Wohnort seiner zweiten Familie in der Schweiz. »Ich hatte von Anfang an eine sehr enge Bindung zu meinem jüngeren Bruder«, sagt Sophie. Vor allem in seinen ersten vier Lebensjahren war sie häufig mit ihm zusammen und half mit, ihn großzuziehen. Sie wechselte Windeln, brachte ihn zur Kita, erzählte ihm Abenteuergeschichten und spielte mit ihm. Der Vater war damals viel zu Vorträgen und Vorlesungen unterwegs, und seine Frau arbeitete zielstrebig an ihrer Karriere. Und da die Distanz zwischen Sophies Studienort und des Vaters zweitem Familiensitz nicht groß war, wirkte Sophie gewissermaßen als natürlicher Babysitter ihres kleinen Bruders.

Fast vom ersten Tag an wuchs die »größere Familie« zusammen: Immer wieder fuhren alle fünf gemeinsam in den Urlaub, verbrachten häufig die Wochenenden zusammen und feierten Geburtstage, Weihnachten und Ostern miteinander im Haus der Großeltern im Schwarzwald. »So seltsam es nach der eigenen Geschichte auch klingen mag: Familie ist bei uns das höchste Gut. Für mich war mein kleiner Bruder fast wie ein eigener Sohn. Ich habe ihn auch nie als Stief- oder Halbbruder gesehen. Selbstverständlich bleibt er nach der unschönen Trennung meines Vaters von seiner zweiten Frau mein Bruder.« Direkten Kontakt haben sie seit fast zwei Jahren nicht mehr. Hin und wieder kommunizieren sie via Facebook, WhatsApp oder über andere digitale Medienkanäle. »Doch das ist alles nichts gegen ein reales, physisches Wiedersehen«, gibt Sophie zu.

Ihr damaliges Verhältnis zur neuen Frau ihres Vaters schildert Sophie als freundschaftlich und herzlich. Sie sah sie »nie als Mutter, eher als Freundin.

Doch zusammen in die Disco sind wir nie gegangen.« Offen gesteht sie, dass es »natürlich auch Momente der Eifersucht« gab: »Wenn Papa zum Beispiel ›mein Engele‹ oder ›mein Goldschatz‹ rief, schaute ich selbstverständlich auf, bezog das, wie all die Jahre zuvor, auf mich.« Doch schnell musste Sophie realisieren, dass plötzlich nicht mehr sie, »sondern Papas neue Lebensgefährtin« gemeint war. Nachdem zwei Jahrzehnte lang Sophie als »Engele« und »Goldschatz« konkurrenzlos gewesen war …

Als Teil einer Patchwork-Familie hat sich Sophie nie gesehen. »Diese Zustandsbeschreibung ist mir sehr fremd, in meinen Augen waren wir schlicht und einfach immer eine Familie.« Sie war gerade vier Jahre alt, als die erste Ehe ihres Vaters auseinanderging. »Ich kenne diese Konstellation von Mutter, Vater und Kindern gar nicht. Im Gegenteil: Mein Papa hat für mich alle Mütter der Welt ersetzt.« So hat sie eigentlich nie etwas vermisst. Wenn sie zum Beispiel bei Freunden übernachtete und hörte, wie sich deren Eltern stritten – »das blieb mir erspart«, sagt Sophie lächelnd. Nur einmal, als sie acht Jahre alt war, gab es Ärger auf dem Spielplatz mit einer Klassenkameradin. Mitten im Streit sagte das Mädchen zu ihr: »Sophie, sei bloß ruhig, du hast doch noch nicht mal eine Mutter.« Da wurde ihr schlagartig klar, dass bei ihr zu Hause etwas anders war. Und später dann, auf den Elternabenden oder Schulfesten, war sie natürlich nur mit ihrem Vater oder gelegentlich mit einer der beiden Großmütter, was ebenfalls zu Nachfragen von Mitschülern führte.

Überhaupt die Großeltern: Sie waren in Sophies Kindheit, neben Vater und Bruder, die wichtigsten Ansprechpartner. Wohingegen sie »nie ein engeres Verhältnis zur Mutter von Papas zweiter Frau aufbaute«. Dafür war sie mit Mitte zwanzig wohl schon zu eigenständig, als dass sie hier einen positiven Zuwachs an Verwandtschaft für sich hätte verbuchen können. Ihr jüngerer Bruder hingegen wuchs ganz natürlich mit mehreren Omas und Opas auf, die ihn alle willkommen hießen und liebten – ohne Unterschied.

Wie wirken sich die Erfahrungen mit einem alleinerziehenden Vater und die über zehnjährige »Patchwork-Situation« auf das eigene Beziehungsleben aus? Sophie lebt seit sieben Jahren in einer stabilen Beziehung und ist seit vier Jahren verlobt. Erst jüngst erhielt sie von ihrem Lebensgefährten im Urlaub bei Sonnenuntergang am Strand den förmlichen Heiratsantrag. »Klar bin ich nachdenklich, wenn es um eine ewige Bindung geht«, sagt Sophie, die nicht ausschließen möchte, dass in ihrem Unterbewusstsein auch Gedanken an das mögliche Scheitern einer Ehe existieren – bedingt durch ihre eigene Familiengeschichte. Sie verweist auf die »schnelllebigen und unverbindlichen Zeitphänomene, wie all die sozialen

Medien mit ihren Verführungen und Versuchungen«, wenn es um das Verschwinden verbindlicher Werte von Dauer, Beständigkeit und Treue geht. »Freundschaft und Liebe« seien heute Worte mit anderen Inhalten als noch vor einem halben Jahrhundert zu Jugendzeiten ihres Vaters. Eine Freundschaft auf Facebook ist für Sophie »eher ein kommunikativer Kontakt und hat mit Freundschaft im eigentlichen Sinne nicht mehr wirklich viel zu tun«. Für sie zählt – und da ist sie ganz Kind ihres Vaters – »die eine, ewige Liebe«, auch wenn diese sich bei ihrem Vater nie vollenden konnte. »Joschka Fischer oder Gerhard Schröder mit ihren Dritt-, Viert- oder Fünftfrauen sind keine guten Vorbilder. Wenn ich heirate, möchte ich schon, dass meine Kinder einmal lebenslang eine Mama und einen Papa haben, etwas unverrückbar Festes, an dem sie niemals zweifeln müssen: eben eine Familie!« Daran glaubt Sophie, trotz oder gerade wegen der eigenen Familiengeschichte.

»WIR HATTEN VIEL SPASS MITEINANDER, MACHTEN VIEL BLÖDSINN«

Damian Guggenberger – Anwalt und Bruder

»Ich war einfach nur begeistert«, erzählt Damian Guggenberger rückblickend. Damian freute sich sehr, als er erfuhr, dass der Schwangerschaftstest der neuen Frau seines Vaters positiv war. Er sollte noch einmal ein Geschwisterchen bekommen! Als sein kleiner Bruder geboren wurde, war er bereits sechsundzwanzig Jahre alt und stand als Student der Jurisprudenz und Politikwissenschaft in Bielefeld kurz vor dem Abschluss seines Studiums. Bereits zwei Jahre zuvor hatte sein Vater die spätere zweite Ehefrau kennengelernt, die ungefähr genauso alt wie Damian war.

Da sein Vater beruflich und privat viel pendelte, sah Damian beide in den ersten Jahren nur sporadisch. Das Verhältnis zu seiner »Stiefmutter«, wie er sie augenzwinkernd nannte, war eher kumpelhaft. »Nie hätte ich im Ernst daran gedacht, sie als meine Mutter anzusehen. Sie war die Frau meines Vaters und die Mutter meines Bruders.«

Mit Blick auf seinen um über zwei Jahrzehnte jüngeren Bruder haben nicht nur die Eltern, sondern auch die großen Halbgeschwister den kleinen Jungen erzogen. »Immerhin war ich da bereits in einem Alter, wo ich schon hätte Vater sein können.« Aber für seinen Bruder wollte er keinesfalls in die Vaterrolle schlüpfen, sondern eben ein richtiger Bruder sein. Im Geiste machte er sich zehn Jahre jünger, was ihm bei seinem jugendlichen Aussehen wohl auch nicht schwerfiel. »Wir hatten viel Spaß miteinander, machten viel Blödsinn, oft sogar auch verbotene Sachen.« So erinnert sich Damian an ein wärmendes Feuerchen im Herbst, das sie in einem hölzernen Baumhaus im Schwarzwald entfachten. Er schnitzte seinem Bruder aus dem Holz eines nahen Mischwaldes Schwerter. Beide kämpften miteinander. Wie Robin Hood und seine Getreuen versteckten sie sich im Wald und bauten einen regensicheren Unterschlupf. So manches, was die Eltern nicht so gern sahen, nahm Damian als älterer Bruder auf seine Kappe. Obwohl sie nicht permanent zusammenwohnten, sahen sie sich recht häufig, ob beim mehrwöchigen gemeinsamen Urlaub, bei Familienfeiern oder Festen wie Ostern, Pfingsten oder Weihnachten. »Wir waren immer sehr innig miteinander und kuschelten auch viel«, erzählt er.

Auch Damian fällt die erzwungene Trennung von seinem Bruder nach der Scheidung seines Vaters von seiner zweiten Ehefrau und den Urteilen zum Sorgerecht sichtlich schwer. Es war eben nicht nur eine Ehe, die auseinanderbrach, sondern »eine starke, wunderbare Familie«. Betroffen waren alle – gerade auch die Geschwister. Damian kann sich gut an die Worte seines jüngeren Bruders erinnern: dass sie sich bald wiedersehen werden und sein Bruder dann für immer nach Berlin zurückkommen werde. Doch es kam leider ganz anders: Nur gelegentlich noch erhält Damian zum Geburtstag oder zu Weihnachten eine kurze SMS von ihm. Für Damian ist das viel zu wenig vor dem Hintergrund der intensiven Beziehung, die sie über Jahre hatten. Offen gesteht er seine Enttäuschung. Er würde sich viel mehr über einen Anruf freuen oder einen Brief, der ihm erzählt, wie es wirklich um seinen Bruder steht und in ihm aussieht.

Als Damians leibliche Mutter einst die Familie verließ und er und seine Schwester beim Vater zurückblieben, war er acht Jahre alt. »Für mich war klar, dass ich bei meinem Vater bleiben will. Ihm stand ich näher und ihn wollte ich nicht vermissen.« Mit der Mutter zu gehen kam für ihn nicht in Frage. Er fühlte sich von ihr im Stich gelassen. Es fiel ihm auch später schwer, ihr das zu verzeihen. Hilfreich war damals die Unterstützung durch die Oma mütterlicherseits. Sie kam regelmäßig nach Bielefeld, kochte, nähte und versuchte, bei den schulischen Anforderungen zu helfen. »Wir haben es immer so empfunden, dass Oma ganz klar auf unserer Seite stand, da sie wusste, dass sich ihre Tochter bei der Trennung von uns nicht gerade ideal verhalten hatte«, fasst Damian in seiner pragmatischen Art die Lage seiner Kindheit zusammen. Damians Verhältnis zu seiner Mutter scheint sich seit jenen Jahren abgekühlt und versachlicht zu haben. Bei den eher seltenen Telefonaten sprach Damian seine Mutter nur mit dem Vornamen an. Das Wort »Mama« ist ihm seither kaum noch über die Lippen gekommen. Doch böse Worte gab es nicht zwischen ihnen. »Vergebung ja, Vergessen nein. Wiedergutmachen kann man die verlorenen Jahre sowieso nicht. Und was passiert ist, lässt sich auch nicht mehr rückgängig machen.«

Rasch hatte er gelernt, mit seiner Situation umzugehen: »Klar war es mir als Kind peinlich, und ich schämte mich vor anderen Klassenkameraden in der Schule, als sich meine Eltern trennten.« Er legte sich eine plausible Geschichte zurecht: Sein Vater hatte gerade eine neue Professur im ostwestfälischen Bielefeld angeboten bekommen, und seine Mutter musste in Süddeutschland ihren beruflichen Verpflichtungen nachkommen – was auch stimmte. Aber so, wie es Damian erzählte, klang es, als käme die Mutter bald nach. Dabei war ihm selbst klar, dass es keinen Grund gab, darauf zu hoffen.

Für Damian war rückblickend in der Rumpffamilie mit Vater und Schwester »vieles cooler« als bei gleichaltrigen Freunden und Klassenkameraden, die mit beiden Eltern lebten. Der Vater ließ ihnen schon der reichlichen Vortragsreisen wegen viele Freiheiten, machte »alles weniger kompliziert« und belegte die restliche Kindheit von Damian und Sophie mit weniger Verboten, als es die Geschwister noch von den gemeinsamen Zeiten mit der Mutter her kannten. Viele seiner Schulfreunde kamen aus geschiedenen Elternhäusern. Es gab alleinerziehende Mütter, viele Kinder wuchsen mit einer Stiefmutter oder einem Stiefvater auf. »Meine Schwester und ich waren wohl die Einzigen, die allein von ihrem Vater erzogen wurden.«

Da die Bielefelder Laborschule direkt neben der Uni lag, waren für seinen Vater Kinderbetreuung und Lehrauftrag meist gut zu vereinbaren. Wann immer sie wollten, konnten die beiden ihren Vater in seinem Universitätsbüro aufsuchen.

Die Gefahr des Scheidungskindes, selbst in die Scheidungsfalle zu laufen, sieht der heutige Anwalt Damian ähnlich wie sein Vater: »Klar liegt es an unserer auf Flexibilisierung getrimmten Gesellschaft und ihren Mobilitätsidealen, wenn Menschen schneller ihren Partner wechseln, ob aus Langeweile oder von falschen Vorbildern beeinflusst.« Vorteile erkennt er vor allem in seiner, trotz aller Freiheiten, verlässlich-bodenständigen, klar strukturierten Erziehung. Seine eigene Familienperspektive ist daher ganz ähnlich wie die Idealvorstellung seines Vaters: die Liebe seines Lebens heiraten, mit ihr Kinder haben und diese gemeinsam großziehen. Ihm schwebt die gleichberechtigte Erziehung durch Mutter und Vater vor, ähnlich wie er es zumindest in der frühen Kindheit selbst erlebt hat. Er möchte als Vater »viel Zeit für meine Kinder haben, für sie da sein, ihnen Geschichten vorlesen, abends mit ihnen ein Nachtgebet sprechen und mit ihnen die Welt entdecken«. So, wie er es von seinem Vater kennt.

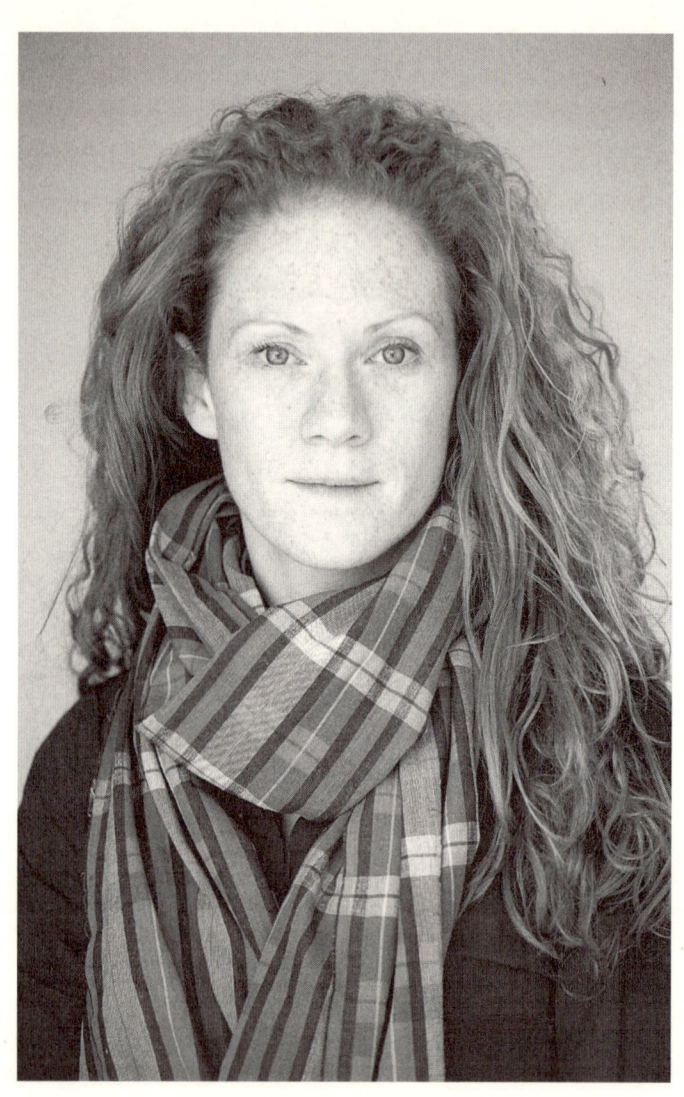

»DAS KANNST DU JETZT MAL
MIT PAPA BESPRECHEN«

Die Schriftstellerin Alexa Hennig von Lange hat drei
Kinder von drei verschiedenen Männern. Mit zwei Vätern
ist sie befreundet, mit einem verheiratet. Ein Interview.
Von Elisabeth Niejahr

*Alexa Hennig von Lange ist Schriftstellerin und
Drehbuchautorin, sie war Model und Moderatorin
für Fernsehen und Hörfunk, hat Theaterstücke geschrieben, Bücher herausgegeben und übersetzt. Von
ihren achtzehn Romanen wurden viele ausgezeich-
net, mehr als die Hälfte sind Jugendbücher. Bekannt
wurde sie als Mittzwanzigerin durch den 1997 er-
schienenen Bestseller »Relax«, der das wilde Leben
eines jungen Paares beschreibt.*

*Heute lebt Alexa Hennig von Lange mit ihrem
Ehemann, einem Zeitungsjournalisten, und ihren
beiden Kindern in Berlin-Mitte. Ihre Tochter wurde
1999 geboren, ihr Sohn 2002. Beide Kinder haben
unterschiedliche Väter, mit denen die Schriftstellerin
heute nicht liiert, aber befreundet ist. Als das folgende
Gespräch im Herbst 2011 geführt wurde, war Alexa
Hennig von Lange gerade frisch verheiratet, hochschwanger und freute sich mit ihrem Ehemann auf
das dritte Kind.*

Elisabeth Niejahr: In ihren Jugendbüchern erzählen Sie aus der Perspektive von pubertierenden Mädchen und Teenagern von der Liebe, von Freundschaften und auch von zerbrechlichen Elternhäusern. Wie denken diese sehr jungen Frauen über Partnerschaften, Familien, Bindungen – was ist anders als in der Generation ihrer Mütter?

Alexa Hennig von Lange: Meinem Empfinden nach haben sich die Ideale von Generation zu Generation wenig geändert. Die meisten jungen Leute würden auf die Frage, wie sie sich ihr Erwachsenenleben vorstellen, vermutlich antworten, dass sie sich eine dauerhafte Liebesbeziehung wünschen und sie sich in einem verlässlichen Familienzusammenhalt sehen. Ich glaube aber, das hat nicht unbedingt mit guten oder schlechten Erfahrungen in der eigenen Familie zu tun, sondern mit einer tiefen Sehnsucht nach Verbundenheit und Vertrautheit. Wenn ich mich während Schullesungen mit älteren Schülern unterhalte, wollen sie oft wissen, wie ich lebe, wie ich von einer Lebensstation zur nächsten gekommen bin, ob ich gelitten habe, wie ich den Überblick behalten habe und ob ich glücklich bin. Sie wollen wissen, wie man Selbstbewusstsein und innere Sicherheit erlangt und woher man weiß, wer man ist. Da geht es nur selten darum, wie schwierig die Familiensituation ist. Sie wollen ihren eigenen Weg finden und glauben auch daran, dass das möglich ist.

Niejahr: Wir reden von einer Altersgruppe, für die Scheidungen, Patchwork-Familien und alleinerziehende Eltern normal sind – und bei der gleichzeitig Familie, Ehe, Hochzeit und Treue sehr hoch im Kurs stehen. Gibt es da einen Zusammenhang? Sind Scheidungskinder die wahren Romantiker?

Hennig von Lange: Ich glaube, das eine hat mit dem anderen gar nicht so viel zu tun. Die Sehnsucht und das Bedürfnis nach Partnerschaft, Familie und einem Zuhause waren immer da, und es wird sie immer gegeben. Das war – meiner Ansicht nach – übrigens selbst in den Zeiten so, als Feministinnen wie Simone de Beauvoir den Frauen vermittelt haben, sie würden ihr Glück am ehesten finden, wenn sie sich nicht so fest an einen Mann binden und in einer offenen Beziehung leben. Wenn man die Interviews mit de Beauvoir heute liest, stellt man fest, dass sie mithilfe ihrer ideologischen Konstrukte im Grunde ihrer größten Angst und Sehnsucht ausgewichen ist, nämlich der Sehnsucht nach Treue und Verbundenheit mit einem Mann. Und doch hat sie natürlich enorm zur Selbstbestimmtheit der Frau beigetragen, indem sie darauf hingewiesen hat, dass Konstrukte und Konzepte veränderbar sind.

Niejahr: Da Sie selbst auf Feministinnen zu sprechen kommen: Haben deren Gedanken für Sie jemals eine Rolle gespielt? Mit welchem Bild von Familie sind Sie groß geworden?

Hennig von Lange: Meine Eltern gingen aufgrund ihrer eigenen Familiengeschichte nicht selbstverständlich davon aus, dass das Miteinander zwischen Mann und Frau unkompliziert ist. Der Vater meines Vaters war dreimal verheiratet, der Vater meiner Mutter war lange in russischer Gefangenschaft und ging später allein in den Westen, ohne sich vorher großartig von seiner Familie zu verabschieden. In der Wahrnehmung meiner Mutter galt sicherlich der Mann als derjenige, der bestimmt, ob eine vertrauensvolle und zugewandte Partnerschaft bestehen bleibt oder nicht. Mein Vater glaubte vermutlich eher daran, dass es Frauen immer wieder schaffen, den Mann in die Flucht zu schlagen. Mit dieser Sorge, dass das auch auf meine späteren Partnerschaften zutreffen könnte, bin ich aufgewachsen. Meiner Schwester und mir wurde von unserer Mutter eindringlichst vermittelt, dass es wichtig ist, im Leben allein zurechtzukommen, dass wir unser Geld selbst verdienen sollten und womöglich auch ohne Mann Kinder aufziehen könnten. Gleichzeitig wurde aber von meiner Mutter alles Familiäre als etwas wirklich Kostbares hochgehalten.

Niejahr: Familie – war das eher Freud oder Leid für Sie?

Hennig von Lange: Ich habe mich immer geliebt und gesehen gefühlt, auch wenn über einen langen Zeitraum spürbar war, dass es viele scheinbar unlösbare und quälende Probleme zwischen Männern und Frauen gibt, denen man als Erwachsener zwangsläufig ausgeliefert ist.

Niejahr: Wie sind die Feminismus-Lektionen bei Ihnen und Ihrer Schwester angekommen?

Hennig von Lange: Meine Mutter war eine feministisch denkende, aber nicht so agierende Frau. Dieser Widerspruch wirkte auf meine Schwester und mich damals zuweilen verstörend. Dadurch konnten wir uns aber auch überlegen, wie wir uns ein gleichberechtigtes Leben mit einem Mann später vorstellen – auch, wenn es bei mir einige Anläufe gebraucht hat. Heute sehe ich, wie fortschrittlich und mutig meine Mutter war, wie sehr sie sich Veränderung und Partnerschaft mit ihrem Mann gewünscht und inzwischen ihr Ziel mehr als erreicht hat. Dafür ist ihr niemand dankbarer als mein Vater und wir Kinder. Heute gehen meine Eltern sehr offen miteinander um – das hat eben zwanzig Jahre gedauert.

Niejahr: Finden Sie im Nachhinein gut, was Ihre Eltern Ihnen vermittelt haben?

Hennig von Lange: Ich sehe das im Nachhinein natürlich auch als Teil einer allgemeinen gesellschaftlichen Entwicklung …

Niejahr: … und sich selbst als Vertreterin einer Generation, die es anders macht als die Mütter?

Hennig von Lange: Sicherlich hat mich das Verhalten meiner sich unterordnenden Mutter sehr geprägt.

Ich habe gesehen, wie unglücklich sie zuweilen über den Zustand ihrer Ehe war – und ich hatte Sorge, dass mir das Gleiche blühen würde. In meiner ersten Beziehung habe ich zunächst versucht, meinen Freund hemmungslos zu dominieren – was nach hinten los ging. Dann habe ich eingeschüchtert das defensive, von latenten Verlustängsten geprägte Verhalten meiner Mutter übernommen. Auch dieser Versuch endete nicht gut. Mit Mitte zwanzig dachte ich: Es geht mir vermutlich besser, wenn ich ohne Partner bin – aber Kinder will ich trotzdem. Dann kam Madonna, die diese Idee umgesetzt hat.

Niejahr: Die Sängerin bekam Mitte der neunziger Jahre ein Kind von ihrem Fitness-Trainer.

Hennig von Lange: Genau. Das hat mich sehr beeindruckt.

Niejahr: In dieser Zeit sind Sie schwanger geworden – nicht ganz so gezielt wie Madonna, aber doch ebenso mit der Perspektive, das Kind allein großzuziehen.

Hennig von Lange: Genau. Und es hat mich nicht geängstigt. Überhaupt nicht.

Niejahr: Als das Kind dann da war – ging es so gut, wie Sie es sich vorgestellt hatten?

Hennig von Lange: Ja, das war nie problematisch. Ich habe in der Zeit schon seit einigen Jahren mein eigenes Geld als Buchautorin verdient und konnte mir meine Arbeitszeit sehr gut einteilen. Wenn meine Tochter geschlafen hat, habe ich geschrieben, und wenn ich irgendwo Termine hatte, habe ich sie mitgenommen. Das klappte hervorragend. Da ich ja eine bewusste Entscheidung gefällt hatte, habe ich mich auch nie mit der Frage beschäftigt, ob dieses Leben irgendwie problematisch sein könnte. Ich hätte mich damals auch nie als alleinerziehende Mutter bezeichnet. Das klingt schon so nach Problemen. Ich hätte gesagt: Ich bin eine Frau, die ein Kind hat.

Niejahr: Wie haben Freunde und Familie reagiert?

Hennig von Lange: Dass ich Mutter wurde, war kein großes Thema, wahrscheinlich weil ich selber nicht lange darauf rumgewundert habe. Meine Freunde kamen und fanden das Baby süß, und wenn ich mal Lesungen hatte, sind Freundinnen mitgekommen und haben meine Tochter um den Block geschoben. Ich habe nie erlebt, dass irgendjemand sagte, o Gott, die arme Alexa ist allein mit ihrem Kind. Auch meine Eltern haben nicht so reagiert. Solche Gespräche gab es nicht.

Niejahr: Das klingt ziemlich unbeschwert.

Hennig von Lange: Ich wollte immer Kinder haben. In meiner Familie sind Kinder nie als Belastung wahrgenommen worden, und auch ich nehme meine Kinder nicht als Problem wahr, sondern einfach als meine Leute, die ich sehr liebe und die zu mir gehören. Ich hatte vor kurzem ein Magazin in der Hand, das eine Strichliste veröffentlichte zu der Frage, ob ein Baby das Leben einer Frau negativ oder positiv verändert. Ich finde es sehr, sehr merkwürdig, solche Fragen überhaupt zu stellen. Mein Gott, was für ein Bild vom Muttersein ist das – wissen die Leute, was für ein großartiges Geschenk man bekommt?

Niejahr: Wie klappte es nach der Geburt mit dem Vater?

Hennig von Lange: Wir haben uns immer sehr gut verstanden – auch wenn von Anfang an klar war, dass wir kein Paar sind und nicht miteinander alt werden wollen. Der Vater meiner Tochter war noch jünger als ich, er war damals noch ziemlich damit beschäftigt zu schauen, wohin er im Leben wollte. Er brauchte dafür seine Freiheit. Das kam mir entgegen, weil ich mein neues Leben mit meiner Tochter so angehen konnte, wie ich es mir vorstellte.

Niejahr: Er war froh, dass Sie im Alltag allein zurechtkamen, und Sie waren froh, dass er nicht bei allem mitentscheiden wollte?

Hennig von Lange: Genau. Trotzdem war er ein durch und durch liebevoller Papa.

Niejahr: Wie oft hat er sein Kind gesehen?

Hennig von Lange: Eigentlich habe ich mein Leben mehr oder weniger ohne sein Zutun organisiert. Aber wann immer es nötig war, hat er sich um unsere Tochter gekümmert und sie überall mit hin genommen. Er war und ist sehr stolz auf sie. Wir haben auch oft gemeinsam mit unserer Tochter etwas unternommen, er hat mich zu Lesungen gefahren, und wir haben sogar einmal zusammen für eine Woche Urlaub gemacht. Also: Es war wirklich unkompliziert.

Niejahr: Hatte er nie den Wunsch, die Tochter zu sehen, wenn es Ihnen gerade nicht passte?

Hennig von Lange: Wir haben es meistens so einrichten können, dass alle zufrieden waren. Das war uns beiden wichtig. Wir sind zum Beispiel gemeinsam mit dem neugeborenen Kind zu seinen Eltern gefahren, sie haben uns besucht und wir haben gemeinsam einen Tag verbracht. Erst viel später, als er sich beruflich etabliert hatte, hat der Vater meiner Tochter häufiger konkrete Vorstellungen entwickelt, was er mit seiner Tochter unternehmen wollte, und hat zum Beispiel Auslandsreisen geplant. Das ging dann aber auch.

Niejahr: Wie machen Sie es heute mit Terminen wie Kindergeburtstag, Elternabend, mit Arztterminen oder Weihnachten?

Hennig von Lange: Der Vater meiner Tochter ruft eigentlich jeden Tag an. Meine Tochter ist mittlerweile dreizehn – im Grunde regeln die beiden miteinander, wann und wie sie miteinander sprechen. Sie ist immer von Donnerstag bis Samstag bei ihrem Vater, was aber nicht bedeutet, dass sie nicht zwischendurch mal zurückkommt, um etwas zu holen. Manchmal kommt ihr Papa mit seiner Freundin auch mit hoch und besucht uns. Um Elternabende kümmert er sich, Arztbesuche sind eher meine Verantwortung. Kindergeburtstage feiern wir zusammen, entweder beim Vater oder bei uns. Weihnachten haben wir im letzten Jahr auch zusammen gefeiert, da kommt sowieso meistens eine große Runde zusammen. Es ist, als wären ganz normale Freunde da. Wenn praktische Fragen geklärt werden müssen, fällt mir dann plötzlich ein, wer da eigentlich am Tisch sitzt. Dann kann ich praktischerweise zu meiner Tochter sagen: Das kannst du ja mal mit Papa besprechen.

Niejahr: Sprechen Sie sich ab, welche Regeln für Fernsehen, Süßigkeiten, Schlafenszeiten gelten? Was passiert, wenn Sie unterschiedliche Vorstellungen haben?

Hennig von Lange: Bisher hatte ich nie den Eindruck, dass bei ihrem Vater und seiner großartigen Freundin etwas geschieht, was für meine Tochter nicht in Ordnung ist. Im Gegenteil. Ich würde aber auch bei den allermeisten Themen nicht eingreifen. An den drei Tagen, an denen sie dort ist, hat er die volle Verantwortung – und an den anderen Tagen liegt die Verantwortung bei mir. Der Vater meiner Tochter führt ein ganz anderes Leben als ich, wodurch meine Tochter früh gelernt hat, dass es nicht nur eine Art zu leben gibt. Sie ist sehr selbständig und selbstbewusst und sagt zu allem sehr klar ihre Meinung.

Niejahr: Wie findet sie die Situation mit den zwei Elternhäusern?

Hennig von Lange: Die Frage stellt sich nicht, vielleicht weil es immer so war. Wenn wir mal im Urlaub sind – in diesem Sommer waren wir drei Wochen lang verreist –, dann sagt sie schon mal: »Oh, ich vermisse Papa.« Und der Papa vermisst sie. Dann wird noch ein bisschen häufiger telefoniert als sonst. An solchen Situationen macht sich vermutlich fest, dass bei uns nicht die Kernfamilie zusammenlebt. Ansonsten wird darüber nicht viel gesprochen. Es ist, wie es ist, und damit sind alle glücklich.

Niejahr: Ist der Vater des Sohnes Weihnachten auch dabei?

Hennig von Lange: Nein, er ist nicht dabei, obwohl wir uns sehr gut verstehen. Aber die Bedürfnisse sind an den Feiertagen eher verschieden. Der Vater meiner Tochter liebt es, möglichst viele Menschen um sich herum zu haben, gerade bei Festen – und das mögen mein Mann und ich auch gern. Der Vater meines Sohnes hat es gern reduzierter.

Niejahr: Als Sie mit dem Vater Ihres Sohnes vor etwa zehn Jahren eine Familie gründeten, mit einer Ehe und dem zweiten, gemeinsamen Kind, waren Sie beide ein junges glamouröses Schriftstellerpaar. Sie sind mit viel Elan gestartet, mit viel Lust auf eine Familie – man kann das nachlesen in Interviews. Später hat der Vater Ihres Sohnes geschrieben, eine Patchwork-Familie sei »keine Familie, sondern ein Problem«. Was genau war so schwierig?

Hennig von Lange: Grundsätzlich glaube ich, wenn man ein sehr klares Konzept davon hat, wie eine Familie zu sein hat, ist es schwerer, auszuhalten, wenn dem etwas zuwiderläuft. Das kann der Ex-Partner der Frau sein, der wegen des Kindes noch präsent ist, das kann auch das Kind selbst sein, das unvorhergesehen krank wird oder nicht nach den eigenen Maßstäben erzogen wird. In einer Patchwork-Konstellation muss man als Hinzugekommener mit vielem leben, was man sich selbst scheinbar nicht ausgesucht hat. Damit kommt nicht jeder gut zurecht. Denjenigen, die das Ideal der Familie besonders hochhalten, fällt das am schwersten – wobei sie zuweilen vergessen, dass sie sich ja dennoch für diese Konstellation entschieden haben. Das ist dann auch für den Elternteil mit Kind aus einer anderen Beziehung nicht so ganz einfach, weil er ständig lavieren und ausgleichen muss, um den anderen nicht zu sehr zu belasten. Ich glaube allerdings fest daran, dass eine Patchwork-Situation eine großartige Chance sein kann, über sich selbst, die eigenen engen Vorstellungen und ungeprüften Konzepte hinauszuwachsen und befreiende Gelassenheit und Akzeptanz zu erlangen.

Niejahr: Sind solche Enttäuschungen nicht ziemlich typisch – der neue Mann wünscht sich eigentlich eine klassische Familie und hadert mit dem Schatten des Ex?

Hennig von Lange: Patchwork bedeutet eine permanente Erinnerung daran, dass eine Liebe nicht ewig halten muss, dass es Scheidungen gibt. Und natürlich ist es ein Abenteuer, sich mit einer Ehe, einer Familiengründung in die Hand eines anderen Menschen zu geben, den man nicht bis ans Lebensende kontrollieren kann. Vielleicht traut man sich selbst auch nicht über den Weg. Wenn man also ganz rigoros behauptet, Patchwork sei schlecht, wie es vor kurzem die Buchautorin Melanie Mühl mit ihrer »Patchwork-Lüge« getan hat, will man damit vielleicht eigentlich sagen: Ich habe Angst vor dem Verlassenwerden. Das ist aus Sicht eines Scheidungskindes möglicherweise sogar verständlich. Ich glaube nur, dass es nicht funktioniert, für sich und die Partnerschaft auf diese Weise einen Schutzzaun aufzubauen.

Niejahr: Sie haben sich von dem Vater Ihres Sohnes nach einigen Jahren getrennt. Ist auch der Sohn heute abwechselnd bei beiden Eltern?

Hennig von Lange: Mein Sohn sieht seinen Vater regelmäßig, aber nicht ganz so oft – eher alle zwei bis drei Wochen am Wochenende.

Niejahr: Ist es nach Ihrer Erfahrung ein großer Unterschied, ob ein Mädchen oder ein Junge auf die Anwesenheit des Vaters verzichten muss? Oft heißt es, Jungen litten mehr in Patchwork-Situationen, weil in der Regel der Vater als Rollenmodell nicht so präsent ist.

Hennig von Lange: In jedem Fall halte ich es für

ganz wichtig, dass mein Sohn seinen Vater sieht. Ich glaube, es ist für eine alleinerziehende Mutter grundsätzlich eine größere Herausforderung, einen Jungen großzuziehen als ein Mädchen. Ich habe Hochachtung vor Frauen, die das gut hinbekommen. Es kommt eher zu Machtkämpfen, in denen die Mutter zeigen muss, dass sie die Stärkere ist. Da kann es eine große Hilfe sein, wenn der Vater einem beisteht und dem Sohn klarmacht, dass seine Mutter die Mutigste auf der ganzen Welt ist. Ansonsten beobachte ich im Freundeskreis oft, dass nach einer Trennung die Loyalität des Kindes zum Vater meistens größer ist, egal von wem die Trennung ausging. Das Kind sorgt sich interessanterweise meistens mehr um die emotionale Verfassung des Papas als um die von Mama.

Niejahr: Warum?

Hennig von Lange: Schwer zu sagen. Aber ich beobachte, dass viele Kinder meinen, sich um den Vater kümmern zu müssen, und ihn im Zweifel lieber einmal zu viel als zu wenig anrufen, weil sie denken, für ihn sei das wichtig.

Niejahr: Ist es nicht ein Alarmsignal, wenn Trennungskinder sich so für das Wohlergehen ihrer Eltern verantwortlich fühlen, obwohl es umgekehrt sein müsste?

Hennig von Lange: Auch wenn die Eltern sich unheimlich um ihre Kinder kümmern, gibt es solche Verhaltensweisen. Ich erinnere mich noch genau an eine Situation, in der sich meine Eltern scheiden lassen wollten. Obwohl ich ein sehr enges Verhältnis zu meiner Mutter hatte, dachte ich, ich muss jetzt zu meinem Papa gehen, weil der ja sonst allein ist. Ich glaube, dass Kinder spüren, dass sie etwas zu geben haben, und dass es nicht ungewöhnlich ist, dass sie für ihre Eltern da sein wollen. Die Eltern müssen deshalb darauf achten, dass die Kinder sich nicht überfordern. Bevor das Kind sich zu viele Gedanken über den Schuldigen oder die Schuldige macht, sollte man offen darüber sprechen, warum man sich getrennt hat.

Niejahr: In welchem Alter der Kinder kann und sollte man das tun?

Hennig von Lange: Die Zeichen geben einem die Kinder schon. Ich würde ihnen kein Gespräch aufzwingen, aber spätestens wenn sie sagen, du bist schuld, dass wir keine Familie mehr sind, wird es Zeit, mit ein paar Missverständnissen aufzuräumen – ohne den Expartner zum Schuldigen zu machen. Ich glaube, dass die Signale für die meisten Eltern eigentlich leicht zu verstehen sind – wenn ein Kind traurig, phlegmatisch oder aggressiv wird, braucht es Zuwendung und Aufmerksamkeit. Nur haben die Erwachsenen während und kurz nach einer Trennung oft zu viel mit sich selbst und miteinander zu tun, dass gerade solche Kinder zu kurz kommen, die still werden und einfach mitlaufen. Das sollte natürlich nicht passieren, auch wenn man sich gerade selbst an den Haaren aus dem Sumpf zieht.

Niejahr: Was ist Ihre Erfahrung – wünschen sich Trennungskinder grundsätzlich, dass die Eltern zusammenleben?

Hennig von Lange: Garantiert gibt es eine große Sehnsucht nach familiärem Zusammenhalt. In unserem konkreten Fall bedeutet das aber nicht, dass meine Tochter sich wünscht, dass ich und ihr Vater zusammenleben. Sie weiß genau, dass zwischen uns Welten liegen. Viel eher freut sie sich sehr darüber, dass ich wieder verheiratet bin, dass wir gemeinsam mit meinem Mann eine familiäre Gruppe bilden, einen sehr engen Zusammenhalt haben und dass wir uns aufeinander verlassen können. Sie findet es toll, wenn wir zu viert statt zu dritt am Tisch sitzen, und sie genießt, dass ein Mann dabei ist, der mir Dinge abnimmt, mit dem ich mich unterhalten kann und der zusätzliche Zärtlichkeit, Fürsorge und Wärme in die Gruppe bringt.

Niejahr: Spielt Eifersucht keine Rolle? Manchmal ist es für Kinder hart, die Mutter plötzlich mit einem neuen Mann zu teilen.

Hennig von Lange: Auch solche Gedanken halte ich für sowas von hausgemacht! Ich kenne solche Themen aus dem Freundeskreis: Der neue Partner soll sich nicht einmischen, er macht alles falsch, das Kind sagt zu ihm, du bist aber nicht mein Papa, und so weiter. Ich glaube, dass bei solchen Fragen oft zu viel herumproblematisiert wird. Wenn ich meine Kinder gluckenhaft behandle und niemanden an sie heranlasse und meine, alles besser zu können, muss ich mir im Klaren sein, dass es schwierig wird, wenn ein Partner auftaucht. Wahrscheinlich muss ich mich fragen, ob ich das überhaupt will. Wenn ich meine Kinder zu selbständigen Geschöpfen erziehe, die von sich aus nach außen gehen, ihren Vater besuchen, dort vielleicht auch auf die neue Freundin treffen, dann ist auch ein neuer Partner kein Problem. Wenn der neue Mann stimmungsmäßig in die Gruppe hineinpasst, dann wird er aufgenommen und gehört dazu. Und wenn die Mutter den Partner annimmt und ihn liebt, dann werden die Kinder ihn lieben, und er wird die Kinder lieben.

Niejahr: Das ist das Ideal, das sich viele Patchworker erträumen – aber in Ratgebern wird regelmäßig davor gewarnt, so etwas zu erwarten. Stattdessen wird zu Vorsicht und Zurückhaltung geraten.

Hennig von Lange: Wann immer ich Menschen kennengelernt habe, die ich sehr mochte, haben meine Kinder sie irgendwann auch kennengelernt. Damit habe ich nie schlechte Erfahrungen gemacht. Nie! Meine Kinder haben zum Glück gelernt, wie man fremden Menschen offen gegenübertritt, sie haben davor keine Angst. Das bedeutet nicht, dass der neue Partner plötzlich anfangen soll, das Kind von heute auf morgen ohne Vorwarnung und Abstimmung nach seinen Vorstellungen zu erziehen.

Niejahr: Sondern?

Hennig von Lange: Solchen Prozessen muss man Zeit geben. Wer neu in die Gruppe hineinkommt, wird sich ansehen, wie und nach welchen Maßstäben erzogen wird, er kann sich überlegen: gefällt mir das oder gefällt mir das nicht. Wenn ihm etwas nicht gefällt, sollte er das offen sagen können, so dass gemeinsam nach einer Lösung gesucht werden kann. Aber sich aus allem herauszuhalten, wäre total künstlich, schließlich gehört der neu Hinzugekommene nun auch zur Gruppe, spürt Unsicherheiten und übernimmt dennoch enorme Verantwortung. Was nicht geht, ist, auf der einen Seite zu sagen, wir wollen zusammengehören, und auf der anderen Seite dem neuen Partner zu signalisieren: Du hast hier nichts zu sagen. Meiner Erfahrung nach ist es das Schönste, wenn der neue Partner sich vor den Kindern zu erkennen gibt und klar zeigt, was er sich wünscht – ohne ärgerlich oder plump zu werden. Und wenn doch mal im Miteinander übers Ziel hinausgeschossen wird, finde ich es wichtig, das in Ruhe zu besprechen und zu überlegen, wie man es beim nächsten Mal besser machen kann. Das alles sind Lernprozesse, die einer Menge Mut bedürfen. Da hilft es wenig, den neuen Partner auch noch abzustrafen.

Niejahr: Familientherapeuten warnen trotzdem,

212

der neue Partner solle auf keinen Fall versuchen, eine Vater- oder Mutterrolle einzunehmen, sondern sich bestenfalls als Freund verstehen. Das auseinander-zuhalten sei wichtig.

Hennig von Lange: Das sind doch erst mal theoretische Konzepte. Was ist ein Papa, was ist ein Freund, ein Partner? Das klärt sich doch schnell von selbst. Wenn mein Sohn gern mit meinem Mann kuschelt und rangelt und sich gern von ihm abends ins Bett bringen und eine Dreiviertelstunde von ihm vorlesen lässt – wenn das alles geht, dann ist das gigantisch. Mein Sohn muss ihn deswegen nicht Papa nennen. Kann er aber, wenn er mag. Wodurch zeichnet sich denn Vaterschaft explizit aus? Meine Tochter läuft manchmal Hand in Hand mit meinem Ehemann herum – weil sie ihn gern hat. Wenn sie aus der Schule kommt und mich nicht auf dem Handy erreicht, aber etwas zu klären ist, dann ruft sie meinen Mann an und redet mit ihm. Wahrscheinlich bespricht sie mit ihm sogar andere Sachen als mit ihrem Vater. Sie ist klug genug zu wissen, von wem sie jeweils die brauchbarste Antwort bekommt.

Niejahr: Ist das wirklich alles so einfach?

Hennig von Lange: Natürlich gibt es Sorgen. Zum Beispiel kann ich verstehen, wenn sich jemand bei einem Partner, der schon einmal eine Beziehung mit Kindern verlassen hat, fragt, ob das nicht auch ein weiteres Mal passieren kann. Aber solche Ängste lassen sich auflösen, indem man sich immer auf den anderen zubewegt und die Möglichkeit da ist, offen zu sprechen und zuzuhören. Und es ist ein Geschenk, wenn ein Partner sich auf eine neue Familie einlässt. Ich sage meinem Mann oft, wie dankbar ich bin, dass er die männliche Rolle bei uns übernimmt, dass er mit meinem Sohn handwerken kann oder mit ihm mal einen Stockschwertkampf macht. Ich kann das nämlich nicht.

Niejahr: Was sagen die Väter dazu?

Hennig von Lange: Die sind ebenfalls dankbar. Mir ist von beiden Vätern immer wieder gesagt worden, dass sie froh darüber sind, dass hier ein Mann ist, der die Kinder zusätzlich unterstützt. Es bedeutet ja nicht, dass sie weniger von ihren Kindern haben. Mein Mann fährt zum Beispiel Motorrad, und als er zum ersten Mal vorhatte, die Kinder mitzunehmen, habe ich das vorher mit den Vätern abgeklärt. Die sagten: Super, natürlich geht das. Also bekamen die Kinder ihren Helm auf und durften mit auf das Motorrad. So etwas würde nie über die Köpfe der Väter entschieden werden. Es geht um zusätzliche Angebote, Liebe und Fürsorge für die Kinder – und bisher haben die Väter das immer klasse gefunden. Mein Mann macht zum Beispiel oft mit den Kindern Hausaufgaben, weil er gut erklären kann. Und die Väter sagen: Großartig, dass er das macht.

Niejahr: Ist Patchwork nicht trotzdem, selbst für

Familien wie Ihre, eine sehr anstrengende Lebensform, weil immer viel geplant und verabredet werden muss, weil immer ein Kleidungsstück in der falschen Wohnung liegt?

Hennig von Lange: Man kann solche Probleme auch herbeireden. Wenn ich mich jedes Mal aufrege, wenn mein Kind sein Sportzeug beim Papa vergessen hat, dann habe ich schlechte Karten. Ich kann mir damit meinen Nachmittag kaputtmachen, ich kann mir aber auch einfach schnell was überlegen. Andere Kinder vergessen ihr Sportzeug bei der Oma oder bei der Freundin, und deswegen geht dann auch keiner zum Therapeuten.

Niejahr: Kindern aus Scheidungsfamilien werden neben trennungsbedingten Defiziten auch besondere soziale Fähigkeiten zugeschrieben, weil sie lernen, sich auf unterschiedliche Menschen und Umgebungen einzustellen. Halten Sie das für richtig?

Hennig von Lange: Absolut. Grundsätzlich halte ich es immer für eine gute Idee, den Kindern die Welt zu zeigen und ihnen zu vermitteln, dass alles spannend ist und sie vor nichts Angst zu haben brauchen und sie fähig sind, mit den Umständen umzugehen.

Niejahr: Wenn dieses Gespräch erscheint, ist Ihr drittes Kind auf der Welt. Wenn Sie heute die Alexa von vor fünfzehn Jahren kennenlernen würden, die Madonna bewundert und etwas später schwanger wird, wie würden Sie sich verstehen?

Hennig von Lange: Sehr gut, glaube ich. Jedenfalls hat sich mein Bild davon, was für eine Familie ich mir wünsche, seit damals nicht wirklich verändert. Ich wollte immer in einer großen Familie mit einem liebevollen, gleichberechtigten Partner leben. Das ist übrigens auch, was meine Eltern ihren Töchtern gewünscht haben, als sie uns erzogen haben. Es hat bei mir nur eine Weile gedauert, bis ich verstanden habe, was ich dazu beitragen kann, damit das auch funktioniert.

DIE AUTOREN

Arne Daniels, Jahrgang 1961, ist Geschäftsführender Redakteur beim *Stern,* für den er bis 2007 als Reporter im Ressort Politik und Wirtschaft geschrieben hat. Bis 2000 war er Redakteur der Wochenzeitung *Die Zeit.* Er ist Vater dreier Töchter im Alter zwischen fünf und vierundzwanzig Jahren und hat selbst Erfahrungen in den unterschiedlichsten Familienmodellen gesammelt.

Corinna Emundts, Jahrgang 1970, ist seit 2001 politische Korrespondentin in Berlin und seit 2008 verantwortlich für das Berliner Büro von *tagesschau.de* im ARD-Hauptstadtstudio. Zuvor war sie unter anderem Reporterin für die Seite Drei der *Süddeutschen Zeitung,* Politik-Redakteurin der *Woche,* Parlamentskorrespondentin der *Frankfurter Rundschau* und Autorin für die *Zeit* und *Zeit online.* Sie lebt in Berlin mit ihrem Mann, dem gemeinsamen Kind und zeitweise auch mit den Teenager-Töchtern ihres Lebensgefährten aus erster Ehe.

Sandra Kegel, Jahrgang 1970, studierte Germanistik, Romanistik und Theaterwissenschaft und ist seit 1999 Redakteurin bei der *Frankfurter Allgemeinen Zeitung.* Nach Stationen im Medienressort und bei der Wochenendbeilage »Bilder und Zeiten« ist sie seit 2008 Redakteurin für Literatur und Literarisches Leben. Sie ist verheiratet und hat zwei Kinder. Mit Texten wie dem preisgekrönten Essay »Wir Rabenmütter« holt sie das Thema Familie immer wieder ins Feuilleton ihrer Zeitung.

Elisabeth Niejahr, Jahrgang 1965, arbeitet seit 1999 im Berliner Büro der *Zeit*, momentan als Reporterin für verschiedene Ressorts. Vorher war sie sechs Jahre lang Korrespondentin im Bonner Büro des *Spiegel*. Sie lebt normalerweise mit ihrer 2006 geborenen Tochter in Berlin, die letzten vier Monate des Jahres 2011 haben beide allerdings wegen eines Harvard-Stipendiums in den Vereinigten Staaten verbracht.

Evelyn Roll, Jahrgang 1952, ist Leitende Redakteurin und Reporterin der *Süddeutschen Zeitung* in Berlin. Außerdem schreibt sie Bücher, zuletzt: »Die Kanzlerin, Angela Merkels Weg zur Macht«. Vor dreißig Jahren hat sie sich in ihren heutigen Ehemann verliebt, der damals schon drei Kinder hatte, was, wie sie bisher dachte, dann außergewöhnlich gut funktioniert hat. Seit den Gesprächen mit der Familie Seidensticker fragt sie sich, ob sie selbst eigentlich hinreichend dafür gesorgt hat, dass die Kinder auch genug Zeit mit ihrem Vater allein hatten.

Eberhard Schade, Jahrgang 1966, betreut beim *Deutschlandradio Kultur* das Format Reportage. Der Amerikanist und Politologe hat nach seinem Studium in München und Turin die Axel-Springer-Journalistenschule besucht und zehn Jahre als freier Autor für Print und Hörfunk gearbeitet. Schade ist kein Patchworker. Er ist verheiratet, hat drei Kinder und lebt in Berlin.

Wulf Schmiese, Jahrgang 1967, ist ZDF-Redakteur und moderiert seit 2010 das Morgenmagazin. Zuvor war er Korrespondent der *Frankfurter Allgemeinen Zeitung*. Den promovierten Historiker hat das frühe Patchwork-Glück seiner Vorfahren, das er in seinem Text beschreibt, immer fasziniert. Dennoch möchte er es ungern nachahmen: Mit seiner Frau und seinen bald drei Kindern lebt er in Berlin.

Rocco Thiede, Jahrgang 1963, ist Autor, Fotograf und Vater von fünf Kindern, die er gemeinsam mit seiner Frau in einem Haus am See bei Berlin großzieht. Der studierte Kunsthistoriker ist Absolvent der Axel-Springer-Journalistenschule, war Volontär und Redakteur von *Die Welt* und für den Fernsehsender *SAT 1* tätig. Bei der Bertelsmann-AG in Gütersloh war er erst Pressesprecher und später Leiter eines Familienprojektes der Bertelsmann Stiftung. Er gehört zum Sachverständigenrat der Deutschen Kinderhilfe.

Ulrike Winkelmann, Jahrgang 1971, ist Leiterin des Ressorts Innenpolitik bei der *tageszeitung*, vorher hat sie lange im Parlamentsbüro der taz gearbeitet und war ein Jahr lang Politikchefin beim *Freitag*. Sie lebt mit ihrem Freund und der gemeinsamen Tochter in Berlin. Gelegentlich patchworkt sie einige Tage mit der übrigen Familie ihres Freundes.

ZUM ENGAGEMENT
DER ROBERT BOSCH STIFTUNG

Der Geburtenmangel der zurückliegenden Jahrzehnte hat Folgen für unser aller Leben. Die Bevölkerung in Deutschland schrumpft und altert zugleich. Was geschieht mit einem Land, wenn immer weniger Kinder geboren werden, wenn das Durchschnittsalter steigt, wenn die Belegschaften in den Betrieben altern? Lange war all das kein großes Thema, dann jedoch rückte der demographische Wandel nach und nach auf die politische Agenda. Die Politik hat seit Mitte des Jahrzehnts einiges auf den Weg gebracht, um den Problemen einer alternden Bevölkerung zu begegnen. Mit Elterngeld, Vätermonaten und dem Ausbau der Kinderbetreuung versucht sie, die Entscheidung von Paaren für Kinder zu unterstützen. Die Rente ab 67 oder die Pflegezeit für Berufstätige sollen zugleich die Folgen der alternden Gesellschaft abfedern.

Die Robert Bosch Stiftung arbeitet seit 2003 am Thema Familie und demographischer Wandel. Unter anderem haben wir zwei Expertenkommissionen eingesetzt, die sich mit Familienpolitik und den Folgen des demographischen Wandels beschäftigt haben. Geleitet wurden beide von Kurt Biedenkopf, dem früheren Ministerpräsidenten des Freistaats Sachsen, der als einer der Ersten vor den Folgen der Alterung warnte.

In der ersten Kommission »Starke Familie« haben sich so

unterschiedliche Experten wie der ehemalige Verfassungsrichter Paul Kirchhof, der Ökonomieprofessor Hans-Werner Sinn und die damalige Bischöfin Margot Käßmann auf gemeinsame Positionen zur Modernisierung der Familienpolitik verständigt. Die zweite Kommission, bestehend aus Kurt Biedenkopf, dem Familienexperten und Soziologieprofessor Hans Bertram und der *Zeit*-Journalistin Elisabeth Niejahr, befasste sich mit den konkreten Lebensbedingungen von Familien in ihrem alltäglichen Umfeld. Dort müssen Familien die notwendige Unterstützung finden – durch Nachbarn oder andere engagierte Freiwillige, durch gute Dienstleistungsangebote und kluge Kommunalpolitik. »Kleine Lebenskreise« hat die Kommission solche Strukturen genannt, die auf dem Land häufig ganz anders aussehen als in Städten. Nur sie können in die Bresche springen, wenn der Staat und die klassische Großfamilie als Rückhalt der Familien ausfallen. Wie solche Unterstützungsangebote heute aussehen und wie sie in sehr unterschiedlichen Regionen professionell und erfolgreich arbeiten können, war Thema des zweiten Kommissionsberichts. Dieser Ansatz passt zur Philosophie der Stiftung und zu den Gedanken des Unternehmensgründers Robert Bosch, wonach Menschen ermutigt werden sollen, Verantwortung zu übernehmen.

Die Robert Bosch Stiftung fördert viele praxisnahe Demographie-Projekte, die zu dieser Leitidee passen. Und es ist ihr ein Anliegen, dass die Diskussion über die Folgen des demographischen Wandels weitergeht. Deshalb hat sie das vorliegende Buch über Patchwork-Familien unterstützt, das ohne Förderung der Stiftung so nicht entstanden wäre.

Zwei Ideen waren dabei wichtig: Erstens der Gedanke, dass Familien grundsätzlich schützenswert sind und nicht leichtfertig gefährdet werden dürfen. Patchwork-Konstellationen sind zerbrechlich und oft anstrengend. Nicht zuletzt leiden besonders häufig die Kinder unter der unkonventionellen Familienform. Das Buch wirbt nicht für solche Konstellationen oder gar für Scheidungen – vielmehr will es Verständnis schaffen und für diese Familienform sensibilisieren, die immer häufiger wird. Denn, das war der zweite Gedanke, gerade diese zerbrechlichen Familien brauchen Unterstützung. Einigen helfen vielleicht die Anregungen aus diesem Buch, das zeigt, wie Familienleben unter sehr unterschiedlichen Voraussetzungen organisiert sein kann.

Mit Belehrungen, mit erhobenem Zeigefinger von Kommentatoren ist Patchwork-Familien nicht gedient. Sie haben mit ihrem anstrengenden Alltag mehr als genug zu tun.

Dr. Ingrid Hamm
Geschäftsführerin der Robert Bosch Stiftung

LITERATURHINWEISE

Amato, Paul R. et al: Alone together. How marriage in America is changing. Cambridge 2007

Bessing, Joachim: Rettet die Familie! Eine Provokation. München 2004

Bundesministerium für Familie, Frauen, Senioren und Jugend: Zeit für Familie. Ausgewählte Themen des 8. Familienberichts. Berlin 2011

Czernin, Monika; Largo, Remo H.: Glückliche Scheidungskinder. Trennungen und wie Kinder damit fertig werden. München 2003

Deutsches Jugendinstitut: Geteilte Sorge. Wie sich die Trennung der Eltern auf Kinder auswirkt – und die Familien einen Neuanfang meistern können. München 2010

Jurczyk, Karin; Walper, Sabine: Gemeinsames Sorgerecht nicht miteinander verheirateter Eltern. München 2010

Juul, Jesper: Aus Stiefeltern werden Bonus-Eltern. Chancen und Herausforderungen für Patchwork-Familien. Kösel 2011

Luci, Angela: Frauen auf dem Arbeitsmarkt in Deutschland und Frankreich. Warum es Französinnen besser gelingt, Familie und Beruf zu vereinbaren. Berlin 2011

Mühl, Melanie: Die Patchwork-Lüge. Eine Streitschrift. Frankfurt 2011

OECD: Doing better for families. Paris 2011

Sieder, Reinhard: Patchworks – das Familienleben getrennter Eltern und ihrer Kinder. Stuttgart 2008

Eine umfangreiche Literaturliste findet sich auch auf der Homepage der Bundesarbeitsgemeinschaft Selbsthilfegruppen Stieffamilien (http://www.stieffamilien.de): URL: http://www.stieffamilien.de/html_files/literatur_erwachsene.htm

BILDNACHWEIS

NIEJAHR/THIEDE

Alles auf Anfang

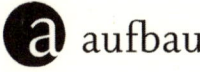 aufbau